感谢国家社会科学基金（2022CGR03）、重庆市社科规划（博士
及重庆理工大学学术著作出版计划对本书出版的联合支持

政策性农业保险
对中国农业生产的影响研究

ZHENGCEXING NONGYE BAOXIAN
DUI ZHONGGUO NONGYE SHENGCHAN DE YINGXIANG YANJIU

付小鹏 著

中国财经出版传媒集团
经济科学出版社
Economic Science Press
北京

图书在版编目（CIP）数据

政策性农业保险对中国农业生产的影响研究／付小
鹏著 . -- 北京：经济科学出版社，2023.5
ISBN 978 - 7 - 5218 - 4572 - 3

Ⅰ.①政…　Ⅱ.①付…　Ⅲ.①农业保险 - 影响 - 农业
生产 - 研究 - 中国　Ⅳ.①F325

中国国家版本馆 CIP 数据核字（2023）第 036776 号

责任编辑：周胜婷
责任校对：王京宁
责任印制：张佳裕

政策性农业保险对中国农业生产的影响研究

付小鹏　著
经济科学出版社出版、发行　新华书店经销
社址：北京市海淀区阜成路甲 28 号　邮编：100142
总编部电话：010 - 88191217　发行部电话：010 - 88191522
网址：www. esp. com. cn
电子邮箱：esp@ esp. com. cn
天猫网店：经济科学出版社旗舰店
网址：http://jjkxcbs. tmall. com
固安华明印业有限公司印装
710 × 1000　16 开　11.5 印张　180000 字
2023 年 5 月第 1 版　2023 年 5 月第 1 次印刷
ISBN 978 - 7 - 5218 - 4572 - 3　定价：72.00 元
（图书出现印装问题，本社负责调换。电话：010 - 88191545）
（版权所有　侵权必究　打击盗版　举报热线：010 - 88191661
QQ：2242791300　营销中心电话：010 - 88191537
电子邮箱：dbts@ esp. com. cn）

前　言

　　农业是国民经济的基础，在国民经济发展中占有基础性战略位置。确保农业生产正常运行并有效应对各种生产风险挑战，对国民经济健康发展和社会大局稳定具有重大意义。但是农业本身属于典型弱质产业，生产规模较小的农民家庭仅依靠自身无法有效抵御自然风险冲击，同时，中国也是世界上自然灾害最为严重的少数几个国家之一，风险发生频率高且灾害损失重，这些问题一直伴随着中国农业生产活动。因此，如何保障农业生产稳定、减少风险冲击损失，一直都是中国学界和政府的焦点。

　　作为市场化的风险转移和应对机制，现代农业保险已被西方发达国家所接受并作为一项重要的支农工具和"绿箱政策"被广泛使用，且产生了积极的效果。在吸收相关经验和教训的基础上，中国于 2007 年开始新一轮政策性农业保险试点工作，并于 2013 年正式推出《农业保险条例》，这也标志着政策性农业保险制度在中国正式确立。从整体上看，中国政策性农业保险无论是在保险规模、保险范围还是在参保率等关键指标上都取得了突出成绩，已成为仅次于美国的农业保险大国。但中国政策农业保险"提高农业生产抗风险能力，促进农业健康可持续发展"这一根本性政策目的是否达到？政策性农业保险实施又对中国农业生产产生了什么样的影响？关于这些问题，目前学术界尚未有细致且系统的研究。发达国家农业保险发展经验及中国农业保险发展历程都表明，以上问题的回答至关重要。细致而又稳健的研究结论，对中国农业可持续发展，以及未来政策性农业保险制度的修订和完善，都具有重要的理论价值和现实意义。

　　本书在政策性农业保险逐步试点的背景下，在对已有相关文献进行系统性梳理和总结的基础上，以政策农业保险试点这一外部政策冲击为起点，从农业生产链条中分别选取农作物选择、农业化学生产要素投入、粮食产量以及农业生产效率这四个农业生产的重要环节，分别利用实地调查微观数据、省际面板数据以及首批试点省份的县市级面板数据，综合使用最小二乘法回归、固定效应模型、双重差分、倾向得分匹配及内生转化模型等多种实证方法，实证研究了政策性农业保险实施是否分散了农业生产风险，是否对农业生产行为产生了影响以及影响方向如何，进而评估政策性农业保险是否达到预期政策目标。通过研究发现以下几点：

（1）政策性农业保险的实施分散了农业生产风险，促使农户更愿意选择相对"高风险"的农业种植专业化模式。在理论分析的基础上，实证研究结果发现政策性农业保险显著提升了农户专业种植行为，并且在改变关键自变量的条件下结果依然成立。进一步研究发现，政策性农业保险对降低农业生产风险的影响有显著滞后效应和典型异质性特征，保险实施时间越长的地区、保险深度越高的地区，该种影响更强更明显。这进一步证实了理论和实证结论。随机性检验和同质性检验结果也进一步确认了以上实证结果的稳健性。

（2）政策性农业保险的实施显著减少了农用化肥的施用数量，但对农药施用数量没有显著影响。在机理分析的基础上，利用2019年SQ县针对粮食生产的政策性农业保险微观调查数据，实证结果发现参保农户要比未参保农户每亩少施用1.6千克化肥，但是参保与否对农药的使用数量并没有显著影响。随后，在进一步考虑到参保行为和农业生产行为存在时间差以及调查对象的自选择问题后，结果依然稳健，这也表明政策性农业保险施行确实有助于分担农户农业生产风险，促使农民减少了农业风险降低型生产要素使用数量。这不仅有利于减少农用化肥土壤残留而缓解农村地区生态环境恶化压力，而且有助于转变"高投入－低产出"的农业生产模式。

（3）政策性农业保险的实施有助于粮食生产抵御自然灾害冲击，提升了粮食产量，并会通过增加农业生产要素投入的渠道施加该种影响。在理论分析的基础上，利用中国第一批试点省份中的县级、市级面板数据，实证分析了政策性农业保险试点对粮食生产的影响。结果显示政策性农业保险的实施显著地提升了试点地区粮食产量，并且这种影响具有显著的异质性特征，表现为在受灾样本中，参与试点县市粮食产量第二年正向增长数量更为明显。相应机制检验结果也证实了理论分析的结论，政策性农业保险会通过农业生产投入规模的途径影响粮食产出水平；趋势性检验和安慰剂检验的结果证实了实证结果的稳健性。

（4）政策性农业保险实施有助于农业生产效率提升，并且对于农业生产风险较高地区影响更大。理论分析显示政策性农业保险会通过分担农业生产风险和补偿灾后农业损失对农业生产效率产生正向积极影响，但是道德风险和逆向选择对农业生产效率又会造成负面影响，综合作用方向并不明确。在理论分析的基础上，利用省际面板数据实证分析两者的相关关系。实证结果显示，政策性农业保险实施一定程度上有助于农业生产效率的提升。进一步研究发现，在农业生产风险越大地区，这种正向影响程度越大越明显，并且这种影响也具有显著的动态性特征，随着政策实施时间的延长，正向影响更显著。随机性检验、同质性检验的结果也进一步验证了实证结果的稳健性。

目录

第 1 章

绪　　论

1.1　研究背景

"粮为国之本，民以食为天"，农业是国民经济的基础，在国民经济发展中占据重要的基础性战略位置。确保农业生产正常运行对有效应对各种风险挑战、确保经济持续健康发展和社会大局稳定具有重大意义①。但农业也是典型的弱质产业，受自然生产环境影响非常大，并且呈现出抵抗风险能力差、风险频率高、灾害损失重的特点（Robert，2018）。而且，中国是世界上少数几个农业灾害最为严重的国家之一，再加上我国人多地少的农业发展现状决定了仅依靠单个农民家庭自身力量无法完全抵御自然灾害的冲击（庹国柱，2018）。面对较低程度的灾害冲击，农民自身还能通过"多样化、碎片化"生产方式、长久农业生产经验来应对，但是面临较大规模的自然灾害风险冲击时，农民本身就会出现应对难题，造成农业生产无法继续，恢复生产的能力也会下降，这就会造成农民自身生存困难等问题。在这一背景下，如何保障农业生产稳定、降低农业生产风险冲击损

---

① 中央农村工作会议在京召开 习近平对做好"三农"工作作出重要指示 [EB/OL]. (2018 - 12 - 29) [2023 - 01 - 25]. http：//www. xinhuanet. com/politics/leaders/2018 - 12/29/c_1123926575. htm.

失就成为国内各界关注的焦点。当政府灾后救助体系和农民自保行为无法有效地应对较大范围农业风险冲击时，农业保险的作用就体现出来了。作为一种市场化的风险转移和应对机制，农业保险在分散农业风险、补偿农业损失、提高农业综合生产能力和促进农民增收等方面发挥着非常重要的作用（陈文辉，2015）。正是因为这些作用，西方发达国家一直将农业保险视为一项重要的支农工具和"绿箱政策"而广泛使用（黄英君，2015）。

中国农业保险制度虽然从新中国成立初期就已经建立，但长期以来由于政府财政补贴责任的缺失，中国农业保险业长时间内一直处于不断萎缩状态停滞不前（庹国柱，2018）。参保规模太小限制了农业保险分散农业风险作用的发挥，农村家庭个体仍然是农业生产风险最主要承担者（张跃华，2007）。受限于独立承担生产风险的发展现状，农民的农业经营方式、经营观念趋于保守，这显然不利于中国农业现代化进程的推进和农业生产效率的提高（西爱琴，2015）。农业保险市场不断萎缩的局面直到2003年才有所改变。2003年党的十六届三中全会《关于完善社会主义市场经济体制若干问题的决定》首次提出了"探索建立政策性农业保险制度"后，中国才正式开始了符合国情的政策性农业保险制度探索。从2004年起，连续7年中央一号文件都对农业保险制度建设提出明确要求。在这样的背景下，2006年6月《国务院关于保险业改革发展的若干意见》中提出了"加快推进农村金融改革，稳步推进农业政策新保险试点工作，加快发展多种形式、多种渠道的农业保险"。该意见同时规定从2007年开始，中央财政正式启动农业保险保费补贴试点工作，选择新疆、四川、湖北等7个省份作为首批政策性农业保险保费补贴试点地区，政策性农业保险制度也进入了实质性推行阶段。2012年，国务院颁布了第一部农业保险领域的法律文件《农业保险条例》，该法律的施行也标志着中国政策性农业保险制度进入了新的阶段，该条例规定将农业保险保费补贴纳入财政预算科目，进一步明确政府财政补贴责任，至此政策性农业保险也进入快速发展期。根据银保监会公布的资料可知：截至2018年底，中国农业保险保费收入为572.65亿元，同比增长19.54%；农业保险保额为3.46万亿元，同比增长 24.23%。中国也成为全球最重要、最活跃的农业保险市场之一（陈文辉，2015）。

虽然中国政策性农业保险已经取得非常大的成就，但农业保险"提高农业生产抗风险能力，促进农业健康可持续发展"的政策目标是否达到，政策性农业保险究竟对中国农业生产产生何种影响？目前仍缺少细致而又系统的研究。但发达国家农业保险的成功经验及中国农业保险的发展历程都表明，这些问题的回答至关重要，因为这直接影响着农业保险制度的发展根基，直接影响着制度的可持续性，甚至会影响农业发展和国家安全稳定。因此，对政策性农业保险所产生的影响进行准确评估就显得非常重要和紧迫（庹国柱，2018）。

1.2 研究意义

1.2.1 理论意义

本书的理论价值主要体现在以下三个方面：

（1）构建了政策性农业保险对农业生产影响的系统性分析框架。事实上，农业保险对农业生产的影响并不是简单的线性关系，而是多方面因素共同作用下的系统性影响。本研究试图从理论角度构建两者间的系统关系，从而有助于更加深入地理解农业保险对农户农业生产行为的影响及影响途径。

（2）提供了新的分析中国政策性农业保险影响的切入点。中国在经济社会层面与西方发达国家相比存在巨大差异，农业、农村的发展层面也面临着迥然不同的约束条件，所以农业保险对农业生产行为影响的研究，若简单地套用国外的研究框架和切入点，可能造成研究结论不稳健和政策外溢性差等问题。基于此，本研究以中国政策性农业保险试点以来的经验分析为基础，依据中国的实际发展情况，从农业生产四个主要环节入手，系统地分析并探讨政策性农业保险对农业生产行为的影响，从而为在中国视阈下深刻理解两者相关关系提供新的理论切入点。

（3）丰富了政策性农业保险对农业生产影响研究的定量方法。国内相关定量研究更多是从相关性角度探讨两者的关系，本书在理论模型的基础上引用了基于因果推断的定量研究方法，不仅增强了研究结果的可信度，同时也为政策性农业保险相关研究提供了新的方法论补充。

1.2.2　现实意义

本研究的现实意义主要体现在以下两个方面：

（1）有助于中国政策性农业保险制度的完善。相比西方发达国家完善的农业保险制度，中国现代政策性农业保险制度建设才刚刚起步，其具体制度条款的设计仍处于不断完善阶段。本研究以政策性农业保险逐步试点为研究背景，从理论和实证两个角度入手回答了该政策的实施是否有效地分散了农业生产风险，改变了农业生产行为，以及多大程度上提升了农业生产产量及效率等关键问题。该研究成果有助于对政策性农业保险实施效果进行准确评估，进而从中找到政策实施过程中的不足之处，最终结合我国农业发展现状提供完善政策性农业保险的具体建议，有助于政策性农业保险制度的完善。

（2）为保障农业生产安全、提升农业发展质量相关制度的出台提供了政策依据。农业保险的核心功能就是分散农业生产风险，降低农业风险冲击，补偿受灾农户损失，使其恢复基本农业生产，最终保持农业生产的稳定，但是这一政策目的是否达到，目前仍缺乏细致而又系统的研究。本研究从两个维度、四个切入点分别探讨政策性农业保险对农业生产的影响，其研究结果有助于评估政策性农业保险是否达到预期，若政策性农业保险没有达到预期目标，其中可能的原因有哪些以及如何改善。这些问题的回答有助于提升政策性农业保险适用性，同时，对于相关提升农业生产安全和农业发展质量的制度制定也具有一定借鉴意义。

1.3 研究方法与研究内容

1.3.1 研究方法

合理恰当的研究方法是经济问题研究获得成功的关键（蒲艳萍，2008）。在政策性农业保险对农业生产行为影响的系列问题研究过程中，本书主要使用实证分析与规范研究相结合的研究方法，以实证分析为主，辅之以必要的规范性分析。具体的研究方法如下：

（1）数理分析与经验研究相结合。本书在基础理论的基础上构建了相应的数理模型，然后使用计量经济研究方法对理论推导模型的结论进行实证检验。本书借助期望效用理论、风险管理理论及信息不对称理论，针对政策性农业保险对农业生产产生影响这一问题，采用数理方法展现核心变量间因果关系及作用机理，并通过严格的数学推导得出政策性农业保险对农业生产的影响效应模型，并在理论分析的基础上，采用宏观面板数据和微观截面数据对研究假设及推论进行实证检验。

（2）综合使用多种计量研究方法与稳健性检验策略。本书从多渠道获得宏观、微观数据并使用恰当的计量分析方法和稳健性检验策略，验证了经严格理论模型推导而获得的基本假设，使得研究结论具有更强稳健性和可信度。一方面，为了探究政策性农业保险与农作物选择、粮食产量以及农业生产效率间的关系，本书主要使用双重差分分析法（DID）、得分倾向匹配后双重差分法（PSM – DID）以及固定效应模型（fixed effects model）等方法，并进行包括安慰剂检验、共同趋势检验、随机假设检验、同质性检验等在内的大量稳健性检验，以保证经验研究结论的稳健。另一方面，为了验证政策性农业保险对农用化学生产要素投入的影响，考虑到可能产生的选择性偏误以及内生性问题，本书引入了倾向得分匹配（PSM）及内生转换模型（ERM）等计量方法，减少估计偏误，提高了研究结论的可靠程度。

（3）规范分析与实证分析相结合。本书主要的研究目的在于分析政策性农业保险与农业生产行为之间的因果关系，对于所涉及的研究问题主要是以实证研究为主。但如何给予这些实证结果合理的解释进而为农业保险运行中存在问题的解决提供理论依据也非常重要。所以，本书对每一个核心章节都力求将规范分析和实证分析相结合，期望能够为理解两者间的因果关系并为实践问题的解决提供理论依据和有益建议。

总之，本书在研究方法上力求数理分析与经验研究相结合、规范分析与实证分析相结合，全方位、多角度探究政策性农业保险实施对于农业生产的影响这一研究主题。在研究过程中，尽可能收集多渠道的官方数据和微观调查数据，使用多种研究方法和稳健性检验策略，从而保证研究结论正确、可信，进而为准确理解两者之间的因果关系及未来政策性农业保险的完善提供研究支撑。

1.3.2　研究内容

本研究主要内容包括五部分共九章，第一部分是绪论，即第1章；第二部分是理论研究，具体包括第2章和第4章；第三部分是现状研究，主要是第3章。第四部分是实证研究，主要是第5~8章；第五部分是结论及政策研究，主要是第9章。

绪论部分主要是对研究背景、研究内容、研究意义、研究方法及本书主要创新点进行系统论述，以说明本研究的缘由、研究价值，展示本研究的研究概貌。

理论分析部分主要包括两部分内容。首先，对相关概念界定及文献综述进行了梳理和总结。在对农业保险、农业生产行为等核心概念及基础理论进行详细论述和界定的基础上，系统地梳理了国内外农业保险对农业生产行为影响的相关文献。通过对已有文献分析整理发现其存在可增强补充的部分，并以弥补已有研究的不足为本研究突破口，进而确定本研究的方向、内容和方法。其次，在相关概念界定的基础上，从整个农业生产链条上选取农作物种植选择行为、农用化学生产要素投入行为、粮食生产产量及农业生产效率四个重要环节分别进行机理分析，构建起政策性农业保险对我国农业生产行为影响的理论分析框架，从而为后面的实证分析奠定理论基础。

现状分析部分主要是介绍中国农业保险发展历程及发展现状。农业保险发展到一定规模和深度是其发挥应有功能的前提条件。本章分别从农业保险制度变革及发展现状两个角度入手，按照时间的顺序从制度演进和发展实际的线索，分别梳理了我国农业保险制度变革历程及农业保险目前发展现状及省际差异，从而阐明了本研究的历史和现实依据。

实证研究部分主要包含一个实证研究主题，具体包含四个方面的主要内容。这一主题是政策性农业保险对我国农业生产影响的实证分析，四个主要内容如下：

（1）政策性农业保险对农用化学生产要素的影响分析。在机理分析的基础上，使用第一手微观调查数据，利用得分倾向匹配（PSM）及内生转换模型（ERM）因果识别方法，实证证明了理论分析的结论，也即是政策性农业保险有助于减少化肥使用但是对农药使用影响并不明显。

（2）政策性农业保险对农民多样化种植行为影响的实证分析。结合修正过的投资组合模型（portfolio choice model），理论分析农业保险与农民种植行为之间的相关关系，在此基础上采用不同时点双重差分模型（DID）的实证研究方法，利用省际面板数据，定量分析农业保险对农民种植选择行为的影响，结果发现，政策性农业保险激励了农民选择风险相对较高但生产效率更高的专业化种植行为。此外，还增加了这种影响的异质性分析和稳健性检验，进一步确认了研究结论。

（3）政策性农业保险对粮食产量影响的实证分析。借鉴有关文献（Xu and Liao，2013）的分析框架，引入政策性农业保险变量，理论分析参保农户和未参保农户的农业投入及粮食产出数量差异，经过推导得出，参保农户比未参保农户的农业投入更多，并带来更高农业产出水平理论推导结果。随后运用我国政策性农业保险第一批试点省份内的市、县级数据，采用标准双重差分（DID）的因果识别策略，实证结果证实了研究假设，试点地区粮食产出水平明显高于未开展农业保险试点地区。进一步的异质性分析发现，受灾地区中，参与试点的区县粮食增加效果更加明显。

（4）政策性农业保险农业生产效率影响的实证分析。本部分从"分担农业生产风险""补偿灾后农业损失"两个维度勾画出了政策性农业保险与农业生产效率之间的逻辑链条，结果发现政策性农业保险对农业生产效率同时存在"正""负"两个方向影响。采用省际面板数据，运用双重差分的实证分析方法实证考察了政策性农业保险实施对农业生产效率的影响，结果发现，在研究时点范围内，政策性农业保险对农业生产效率存在正面积极影响。此外，本书还考察了不同农业生产风险条件下，政策性农业保险对农业生产效率影响的异质性特征，农业生产风险越大的省份其正面积极作用越明显，最后稳健性检验进一步验证了实证结果。

研究结论及对策研究部分主要对本研究进行了总结，并在此基础上提出完善政策性农业保险制度的建议及未来研究方向。

1.4 研究思路及框架

本研究遵循了"理论—实证—对策"的基本思路，针对目前国内对政策性农业保险和农业生产行为的影响多为技术性单因素研究，缺乏系统性研究的现状，以政策性农业保险自 2007 年开始逐步试点并且影响范围逐渐扩大为背景，在对国内外农业保险与农业生产行为相关资料、文献及研究成果进行综合梳理的基础上，以整个农业生产过程为研究对象，分别选取农作物种植选择行为、农业化学生产要素投入行为、粮食产量以及农业生产效率四个农业生产重要环节，借助期望效用理论、风险管理理论及信息不对称理论等基础理论，从理论上分析了政策性农业保险对农业生产行为的影响机理。这是本书的研究起点及机理分析。然后，本书分别从以上四个角度，综合运用微观调查数据、省际面板数据及首批试点的县级面板数据，采用多种实证研究方法，从定量角度来验证政策性农业保险是否达到预期政策目标,并对农业生产产生的影响及其影响的异质性特征进行分析,这是本研究的实证分析部分。最后,在对理论和实证分析结果进行梳理的基础上,提出有针对性的扩大正面积极影响、缓解负面消极作用的政策建议。其研究框架体现的逻辑关系如图1.1所示。

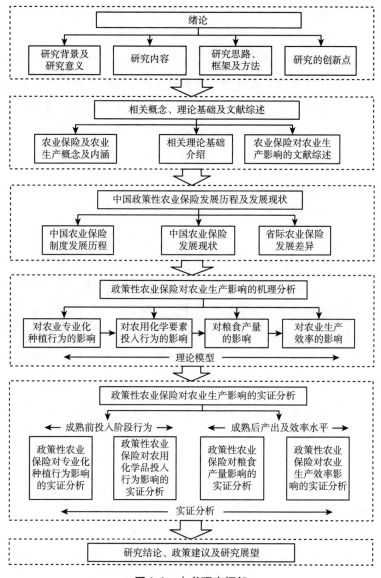

图1.1 本书研究框架

1.5　主要创新之处

相对于已有的相关研究成果，本研究的主要创新之处集中在以下几个方面：

第一，理论上，本书构建了政策性农业保险对农业生产影响的系统性理论分析框架，并通过实证分析验证了这一理论机制，从而为理解农业保险与农业生产之间相关关系提供更为全面、更为系统的理论分析框架。在为数不多的关于农业保险对农业生产影响的研究中，绝大多数文献将研究重点集中在对整个农业生产链条的某一个节点上，将这一节点作为孤立的研究对象来进行理论和实证分析，这就忽略了农业生产的系统性特征，自然无法全面、系统地勾勒出两者间理论逻辑关系。相对而言，本书将农户的内生变量和外生变量纳入基本农业生产函数中，通过政策性农业保险分散风险、补偿灾后损失两条途径，在期望效用最大化条件影响下改变农户自身农用生产要素的投入数量及农业生产经营方式，进而实现产出水平及生产效率最大化，并为下一阶段农业生产规模扩大及受灾后农业生产恢复提供物质基础。随后通过实证的方法验证这一机制。以上理论分析框架的构建，不仅有助于理解政策性农业保险对农业生产的系统性影响，也将有助于找到政策性农业保险无法有效分担农业风险的系统性成因。

第二，研究内容上，本书将政策性农业保险对中国农业生产行为的研究内容延伸到种植专业化领域。通过对国内的相关文献进行梳理可以发现，农业保险对农业生产影响的研究大多集中在狭义的生产要素投入（如土地、劳动力、农用机械）、产量、效率等方面，国内现有文献对于政策性农业保险如何影响农民的专业化种植行为，还没有相关的研究，但这并不意味着对专业化种植行为的研究不重要，相反农业专业化种植行为是政策性农业保险能否承担其生产风险的最直接反映，因为种植行为的改变可以最大程度减轻道德风险和逆向选择所产生的负面影响，可以"干净"地估计出政策性农业保险对农业生产的影响。基于此，本书理论分析了农业保险与农民种植行为之间的机理关系，并采用合适的研究方法实证证实了两者之间的因果关系，为更加全面理解政策性农业保险对我国农业生产影响提供了新的研究内容支撑。

第三，研究方法上，本书引入双重差分、得分倾向匹配、得分倾向匹配后双重差分模型、内生转化模型等多种探索因果关系的实证方法，方法的改进减轻了因选择性偏差、遗漏变量而导致的内生性问题，提高了实证研究结果的可靠性和解释力。在有限的中国政策性农业保险对农业生产影响研究的文献中，绝大多数实证研究宏观上忽略了2007年前后中国的农业保险无论是制度细节还是发展规模都存在较大差异的客观事实，这就低估了政策的影响。微观上，相关研究将参保行为与行为改变视为同一过程，忽视了选择性偏误、遗漏变量而导致的内生性问题。基于此，本书一方面利用双重差分（DID）、倾向得分匹配后双重差分（PSM – DID）等因果识别的研究方法，将2007年政策性农业保险试点视为一种新的外部政策冲击，实证分析政策性农业保险对农业生产行为的影响，最大程度减少了内生性问题对研究结果的影响；另一方面，引入了得分倾向匹配（PSM）及内生转换模型（ERM）的研究方法，最大程度降低了选择性偏误造成的估计偏误程度，增强了研究结论的稳健性和解释力。

第四，学术观点上，本书提出了政策性农业保险对农业生产行为影响的异质性、动态性特征的观点，并给出了经验性证据，拓展了政策性农业保险对农业生产影响多样化研究的范畴，有助于更加细致、全面地解读二者之间的关系，这也蕴含着重要政策启示。现有相关文献缺少政策性农业保险对农业生产影响的异质性研究及其动态性特征的讨论，这显然不符合中国客观发展实际。首先，中国国土广阔，不同地区的农业生产环境、面临的农业生产风险差异巨大，忽略农业生产的区域差异，或只是简单划分"东、中、西""南方和北方""沿海和内陆"，会导致实证结论无法真实反映研究对象的客观事实，由此影响相关政策的修订和完善。其次，农业生产周期长，是一种横跨一整年的长期生产行为，且生产行为的改变存在时滞性，现有研究文献却将政策实施与农业生产行为的改变视为"同一过程"，由此会低估政策性农业保险对农业生产行为的影响。本研究通过引入省际农业生产风险变量、保险深度和保险密度等变量来刻画区域间巨大的农业生产环境及保障程度差异，并将上述变量纳入实证模型，以验证政策性农业保险对农业生产影响的异质性特征；通过设置政策处理核心变量滞后项以验证政策影响的动态性特征。本书研究发现，生产风险越大的地区、政策实行年份越久的地区，政策性农业保险对农业生产的影响越明显，这一研究不仅拓展了相关研究范畴，也为不同区域差异化农业政策的制定及保证相关农业政策的稳定性提供了实证依据。

第五，研究数据上，本书增添了来自粮食主产区实地调查的微观数据，为相关研究提供了新资料、新证据、新解读。现有研究文献主要基于宏观面板数据进行分析，但微观加总后的宏观数据可能会丧失农民的个体特征，不仅导致研究结论的解释力有限，且不利于揭示宏观数据背后的微观机理。同时，现有的少数基于微观数据的相关文献，研究视角主要聚焦于棉花、蔬菜等特殊农作物，缺少对粮食生产这个农用化学生产要素投入大户的数据支撑。基于此，本研究收集了来自粮食主产区的河南省 SQ 县农户个体微观数据，利用多种实证方法，探讨政策性农业保险对农用化学要素投入的影响，在为宏观层面的研究提供了微观解读的同时，进一步拓展了基于微观数据的研究范围。

第 2 章

相关概念、理论基础及文献综述

本章围绕政策性农业保险与农业生产的关系，对本书涉及的相关基本概念进行界定，对相关基本理论进行回顾，并对国内外关于农业保险对农业生产影响的相关研究现状进行文献梳理与述评，以明确本书研究方向，奠定本书研究的理论基础。

2.1 基本概念界定

2.1.1 农业保险

自人类从事农业生产以来，农业生产风险就一直伴随其中，农业风险属于客观外生影响且无法消除（Ahsan，1985），因此如何分散农业生产风险、降低农业风险冲击一直都是农业生产活动参与者关注的焦点。在农业保险出现之前，农业生产者更多依靠自己力量，比如多样化种植、减少贫瘠土地播种面积、增加化学肥料施用量等方式，来应对可能的农业生产风险，进而减少风险损失；但是随着农业生产规模扩大，这种以农户为单位的风险应对策略已不能应对更大范围的农业生产风险，并且也不利于农业生产效率提升。17 世纪开始，商业保险行业的出现为通过市场渠道来分担农业生产风险提供了一条可能途径，于是商业保险业也渗透到农业生产领域，农业保险成为分担农业生产风险重要金融工具（Goodwin，1998），在农业生产安全中扮演着越来越重要的角色。但究竟如何界定农业保险，其内涵和外延又包含什么内容，目前仍没有定论和统一的解释（陈晓安，2012），最主要的分歧在于农业保险覆盖范围差异（Smith V H，1996），基于不同研究目的和内容，大量的专家和学者从不同的范围和角度对农业保险进行界定。概括起来大概有以下两类说法。

第一类，广义说。也即，将农业保险概念范围扩大至整个农业生产过程。例如，农业保险是包含"农村、农民和农业"的"三农"保险，凡涉及这三个领域内的保险项目都属于农业保险范畴（黄英君，2009，2011）。庹国柱等（2002）也认为农业保险除了种植业和养殖业等特定保险之外，从事广义上农业生产活动的农业劳动力及家庭成员的人身保险、物质财务保险都应该纳入农业保险范畴。联合国贸易和发展委员会（UNCTAD）则是从农业生产链这个角度来对农业保险的概念进行界定，它认为，"农作物播种、收割、储藏并将农作物运输到市场进行售卖"整个过程中遇到风险，并对此进行补偿的制度安排统称为农业保险。以上的观点实质上是将农业保险等同于农村保险，是对农业保险概念最为广义的理解。

第二类，狭义说。也即，将研究的范围限定于种植业和养殖业两类。其中具有代表性的是，科布尔和巴西（Coble & Barry，2014）认为农业保险是指商业保险组织与从事农业生产个人及组织，通过签订保险合同的方式，建立保险基金，从而为农业生产过程中受到的损失给予保险责任范围内的经济补偿的一种制度安排。相似的观点也见于陈盛伟（2004）的论述，他认为农业保险是指专为农业生产者在从事种植业和养殖业生产过程中，对遭受自然灾害和意外事故造成的经济损失提供保障的一种保险。孟春（2006）也认为农业保险是指"保险人组织农业生产经营者进行风险分摊，建立保险基金，对被保险人在种植业、养殖业生产过程中因自然灾害或意外事故所造成的经济损失给予保险责任范围的经济补偿的一种方式"。杨兴洪（2010）则是从农业保险的根本属性入手来对此概念进行界定，他认为农业保险本身就是一种财产性保险项目，具体是指农业参与者对自己农业生产过程中产生的财产性标的进行投保，当这些标的因自然灾害和偶然事故造成损失后，保险公司给予相应补偿的一种保险类型。我国2012 年正式实施的《农业保险条例》也是从狭义角度对农业保险的定义进行了最为全面的界定，该条例第二条规定，"农业保险是指保险机构根据农业保险合同，对被保险人在种植业、林业、畜牧业和渔业生产过程中应保险标的遭受约定的自然灾害、意外事故、疫病、疾病等保险事故所造成的财产损失，承担赔偿金责任的一种保险活动"。

上述两种观点都有其合理之处，不能简单地对以上定义进行否定或者肯定，而是要根据研究目的和研究内容区别对待，这才符合科学研究的逻辑（张跃华等，2016）。首先，广义论将农业保险等同于农村保险。这种观点符合现代农业发展趋势和发展需要，目前法国、巴西、墨西哥等国官方也都采用这种定义来对农业保险进行管理。但也存在一定缺陷。一方面，扩大农业保险范围可能会增加商业保险公司财务风险、提升理赔成本，降低了利润，这会减少保险公司的参与热情；另一方面，目前绝大多数国家农业保险项目受到政府财政补贴，过于宽泛农业保险覆盖范围也增加了政府财政负担。其次，狭义论观点将农业保险视为两业保险，抓住了农业生产的核心内容，这也符合我们对农业传统认知，该定义也是被包括中国、美国在内许多国家和地区采用标准定义，但是仅仅将生产风险限于自然灾害和意外事故，这就排除了农业市场风险因素所产生的影响，这有悖于农业产业化和现代农业发展的新趋势。基于以上的分析并且考虑到研究主题和基于中国的研究背景，本书采用从狭义的角度对农业保险的概念进行界定：所谓农业保险，是指农业生产者以支付保费为代价，与商业保险公司签订农业保险合同；保险公司利用保费和政府财政补贴建立起来保险基金为农业种植业生产过程中因遭受自然灾害和意外风险而造成的损失进行资金补偿，从而将农业生产风险转嫁给所有参保者的一项制度安排。

2.1.2 政策性农业保险

作为一种有效分散农业生产风险的制度设计和机制安排，农业保险已经成为 WTO 框架下各方成员支持并使用的保护农业生产的重要绿箱工具。但在起始阶段，农业保险发展规模一直停滞不前，农业保险交易总是难以在市场上自发形成，究其原因还在于农业保险属于准公共物品范畴，商业化的经营缺乏经济学基础（庹国柱，2013）。因为准公共产品属性导致农业保险服务所产生的外溢收益不可能通过价格机制将其内部化，所以仅依靠市场调节所实现的农业保险服务供给量远低于社会最佳配置规模，再加上农业生产风险的"范围大、损失大"的特征，导致农业保险提供方，也即是农业保险公司缺少供给动力（陈盛伟，2004）。1990 年，赖特和休伊特（Wright & Hewitt）的研究也证实了以上结论。历史上私营保险公司承担农业风险提供农业保险的尝试无一例外都遭遇失败（Suchato et al，2019）。无法准确定位农业保险的性质和缺少政府财政支持，这也是早期农业保险失败的重要原因（庹国柱，2013；付小鹏，2016；陈璐，2004）。

前面的论述表明，单纯依靠市场力量无法为农业生产提供有效的保险保障，政府对农业保险的干预不可或缺（黄英君，2009）。只有确定政府在农业保险发展中的主导地位，才能保证农业保险的顺利开展，国内外的案例和相关研究都支持这一结论（谢家智，2003；庹国柱，2002；余涛，2008；Goodwin et al，2008）。当政府因素加到农业保险的定义中，就形成政策性农业保险的概念。为了保证概念的一致性，本书仍用狭义角度来对政策性农业保险概念进行界定，即为了实现农业和农村经济发展的目标，通过财税支持和行政支持的方式，政府以独立利益主体身份参与农业保险的运作，与商业保险公司、参保农民一起将农业生产过程中遇到的生产风险转嫁给所有人的财产保险活动的总称（需要说明的是，接下来的论述若没有特殊的说明，"农业保险"和"政策性农业保险"可以通用）。

　　具体到我国，《农业保险条例》相关内容中虽然没有出现"政府主导"的明确定位，但在政策性农业保险实际操作过程中，我国新型农业保险体现出明显的"政府主导的特征"，也即是在农业保险体系内部，政府、保险公司和农业生产者三方主体中，政府居于主导地位并且承担政策性农业保险发展的主要职责，这些职责主要包括推动农业保险立法、参与政策性农业保险业务经营、提供农业保险补贴、推动建立农业巨灾风险保障体系、依法对出现的农业保险损失承担兜底责任和对农业保险业务推广提供行政支持等。正是政府因素的介入，我国农业保险政策才真正建立起来，并对农业生产产生了积极的影响（黄英君，2011）。

2.1.3　农业生产

　　农业之所以被称为第一产业，不仅因为它是人类经济活动中最早形成的产业，还因为它为人类的一切活动提供了最原始的动力和产业发展的基础（陈文辉，2017），农业概念的准确界定是理解农业生产行为的基础。按照常规研究逻辑，农业的概念可以从两个角度进行界定。从广义来看，农业是利用动植物的生长发育规律，通过人工培育获得产品的一种产业类型，具体包括"种植业、林业、畜牧业、渔业、副业"五种具体的形式（International Labour Office，1999）。从狭义上来讲，农业仅仅包含"种植业"，即：以土地资源为生产对象，通过培育植物产品而生产农业产品的一种产业类型。为了研究方便，本书主要使用狭义上的农业概念，也即，仅探讨种植业范畴内的农业生产。

　　基于对农业的定义，本书的农业生产行为的定义也采用狭义概念，即在一定环境中，农业从业人员为实现预期利益的最大化目标，按照农作物生长规律所进行的一系列农作物类型选择、生产要素投入、生产方式决断以及由此行为引发的产量及效率的综合经济活动。从本质上来讲，农业生产行为是经济活动，这也决定农业生产活动目的是利润最大化，但与此同时，农业生产行为仍然具有非常强烈的生物学特征，它对土壤、雨量、气温以及其他生态环境等自然条件有较强依赖。

农业生产也是由一系列具体生产环节组成的生产系统（International Labour Office，1999）。按照农业生产顺序，整个农业生产过程可以划分成四个重要环节：农业作物选择行为、农业生产要素投入行为、农业产出水平及农业生产效率水平（宗国富，2014）。根据种植农作物成熟与否可以将这四个具体环节划分为两个阶段：成熟前农业生产阶段及成熟后农业生产阶段。前者主要包括农业作物选择行为及农业生产要素投入行为，后者主要涵盖农业产出水平及农业生产效率评价。作物成熟前农业生产阶段主要是指，农作物选择到农作物成熟之前这段时间内，在自然环境、家庭禀赋、人力资本等条件的作用下，农民为了获得最大预期收益所从事的一系列农业生产行为。例如：农业作物选择行为（农作物多样化、专业化种植选择行为），农业生产要素投入行为（土地资源投入、农业劳动力投入、农用机械投入及农用化学药品投入等行为等）。

成熟后农业产出及评价阶段是指，农业生产参与者经过农业生产要素投入后，根据农作物生产规律在农作物成熟后获得最终产品数量及生产效率的过程。例如，农作物产量及农业生产效率水平。

当然农业生产投入并非单线程关系，而是相互影响的农业生产循环系统，农业产出及效率也为下一阶段农业生产阶段投入提供了资本基础，具体如图 2.1 所示。本书的研究主线也是从四个重要农业生产环节分别展开。

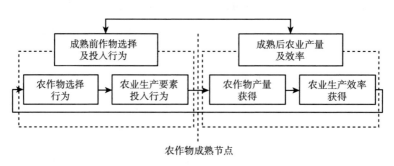

图 2.1 农业生产构成要素

2.1.4　农业生产风险

政策性农业保险是农业生产风险管理的重要工具，理解农业风险的概念及特征对于理解农业保险如何影响农业生产行为非常有益（西爱琴，2015）。然而，深刻地理解风险概念是有效界定农业风险的基础（黄英君，2011）。一般而言，风险是指事件结果的不确定性及这种不确定性带来的损失（埃米特·J. 沃恩，特丽莎·M. 沃恩，2002）。从概率统计的观点来看，所谓的风险可以理解为事件结果相对于期望值的偏离，这种偏离包含两层意思：既指结果相对于期望值的变动的可能，又指期望值损失的大小。结合农业生产和风险概念，可以将农业风险界定为：在农业生产过程中，因部分农业事故（自然灾害、人的行为以及意外事故）导致农业财产损失的不确定性或者农业产品产量偏离预期值的偏离程度（陈文辉，2015）。造成农业风险的因素有很多，如社会风险、经济风险、技术风险及自然风险等，根据农业生产整个过程都在自然环境中完成这个特点，自然风险是造成农业生产不确定性或者偏离预期值的最主要来源（Holzmann & Jorgenson，2001）。农业生产风险这种不确定性主要体现在"风险事故是否发生不确定、何时发生不确定、风险损失范围和程度的不确定性"三个方面（OECD，2011）。

有别于其他财产性风险，农业生产风险具有以下特征：

（1）风险单位大、风险分散难度大。一旦农业生产风险产生，可能涉及"千千万万户、上亿公顷农田"。过大农业生产风险导致其在有限的地理空间内无法得到有效的分散，这也给农业保险公司带来巨大的经营和管理压力，所以缺乏政府支持的农业保险公司可能无法有效提供农业保险产品。

（2）农业风险区域性明显。农业风险特别是由自然因素所引发风险具有明显的区域性特征，不同地区灾害种类不同，风险类型、风险频率和风险强度都有非常大的差异。若不把区域性风险差异纳入实证研究框架中，可能错估政策性农业保险对农业生产行为真正的影响。

（3）农业风险具有明显的伴生性特征。一种农业风险事故可能会引起另一种或几种农业风险事故的发生，所以农业风险损失的范围容易扩大、程度容易加深。并且，农业风险损失是多种风险共同作用的结果，计算各种风险所造成的损失规模就变得非常困难。所以，基于单一风险的农业保险理赔过程就难以进行，这也是我国及其他农业保险发达国家采用多重风险类型农业保险的重要原因。

2.2　相关理论基础

现有研究农业保险对农业生产行为影响的理论逻辑分为两类：一类是，基于追求利润最大化的假设前提，运用期望效用理论来分析在农业生产不确定性减少的条件下，参保农户农业生产行为的变化。另一类是，从风险管理理论角度切入，分析在政策性农业保险分担农业风险后，参保农户应对农业生产风险行为或者农业管理方式的变化，这些变化体现为具体农业生产行为的变化。本书以期望效用理论、风险管理理论以及信息不对称理论作为理论基础。

2.2.1　期望效用理论

新古典经济理论决策模型由于没有考虑不确定性风险以及风险偏好特征对决策行为的影响，导致其无法准确地描述和预测决策者（本书主要是指参与农业生产的农户）的决策行为，无法完整解释存在农业生产风险条件下参保行为对农业生产行为的真实影响。为了解释真实条件下经济决策行为，越来越多的经济学家将研究重点放在了不确定性情况下决策行为问题，并形成大量的研究成果（Varian，2009）。这项工作最早可追溯到冯·诺依曼和摩根斯坦（Von Neumann & Morgenstern），20 世纪 50 年代他们在数学工具和逻辑假设的基础上，建立了不确定条件对理性经济人（rational actor）进行分析的框架，后来在《博弈理论和经济行为》（*Theory of Games and Economic Behavior*）进行总结。期望效用函数可以简单地表示为：

$$u(c_1, c_2, \pi_1, \pi_2) = \pi_1 v(c_1) + \pi_2 v(c_2) \tag{2.1}$$

它表示目标函数在每种状态下的取值 $v(c_1)$ 和 $v(c_2)$ 的加权平均数，每一权数条件下都有相应的概率 π_1 和 π_2。如果第一种状态确定了，则 $\pi_1 = 1$，那么 $v(c_1)$ 就是状态 1 下目标函数。如果第二种状态确定了，则 $\pi_2 = 1$，那么 $v(c_2)$ 就是状态 2 下目标函数。所以，表达式 $u(\cdot)$ 表示的就是目标函数的平均效用或者是期望效用。具体到本书，随机选择的结果是表达不同环境下农户所采取的不同生产行为这一事实，事实上在这些结果中最终也只会有一种会实际产生，但农业生产行为存在明显时间持续特征，所以对于风险的预测就显得非常重要。这也是传统的科布–道格拉斯生产函数所无法回答的，因为传统的生产决策理论只能解释确定情况下目标函数最优解，而无法将事件的发生概率加入理论分析模型中。而期望效用理论则放松了该条件，即事件发生是以概率形式出现，再以此分析最优行为的逻辑路径，这也正契合了农业风险根本特征，即，风险发生一定存在不确定性，并且产生的损失大小也不确定。当然，该期望效应并非参与主体真实的概率水平，因为它将不确定环境因素纳入分析框架中，相比经典效用分析具有更多的随机性影响特征。期望效应理论自提出以来，一直成为金融学、经济学等领域的重要研究工具和基础理论。后经过卢斯（Luce R D, 1989）、阿罗（Arrow, 1971）以及普拉特（Pratt J W, 1964）等的逐步完善和修正，阿罗和德布鲁将其引入瓦尔拉斯均衡分析框架中，该理论已经成为一整套成熟的理论和方法，并且成为分析风险条件下生产者决策行为的主要理论基础。

当然基于期望效用理论的相关研究也延伸出非常多分支理论，如哈达克（Hardaker, 2004）的风险规划理论等，虽然他们对目标函数定义、风险量化方法、约束条件存在明显差异，但这些理论的本质都是寻求"既定收益水平下风险最小，或者既定风险水平下收益最大"这一目标。随着时间的推移，越来越多的影响因素如农户生产技术、社会资本等也被纳入该理论中，这些成果和理论也成为研究农民经济行为的主要理论基础。

　　具体到保险经济学领域，博尔奇（Borch，1960）最早将期望效用理论纳入保险经济的研究中，他主要从影响保险需求入手，认为潜在的参保对象只有在参加保险所带来的效应大于未参保带来效用水平时，才会选择参保利用保险来分散自己的农业生产风险，也即是：

$$u(W - P) \geqslant \int_0^\infty u(W - x)f(x)\,\mathrm{d}x \qquad (2.2)$$

　　在博尔奇的理论分析的基础上，阿罗（Arrow，1965）、普拉特（Pratt，1964）、莫辛（Mossin，1968a，1968b）等不断完善该模型，分别从绝对风险规避策略选择、风险偏好与"不足额保险购买"、道德风险与逆向选择等角度，分析潜在投保人在面临风险时"如何选择最优的风险分担比例以达到最大效用之目的"这一非常重要问题。当然在不同农业生产环境下，不同保险合同设置基础上，参保农民（参保人）和保险公司（保险人）可能作出不同的决策行为：将生产风险全部转嫁给保险人或者两者共同承担风险。

　　具体到农业保险领域，基于博尔奇（Borch，1960）的开创性研究，国内外学者基于期望效用理论做了大量相关研究（Hazell，1986；Goodwin，1993；宁满秀等，2005；黄英君，2011；张哲晰等，2018；Pantzios & Fousekis，2015；Quiggin，1993；张跃华，2006；袁辉，2017）。期望效用理论自然也是本研究的重要理论基础，本研究主要利用期望效用理论来分析农业生产过程中，当预期风险被分散或实际损失风险被农业保险分担后，农民的农业生产行为的改变；若行为发生改变，则说明政策性农业保险确实承担起分担风险的责任，有助于农业生产的发展。

2.2.2　农业风险管理理论

　　根据经济合作与发展组织（OECD，2011）的界定，农业风险管理按照管理方式和内容的标准可以划分为：风险规避（risk avoidance）/风险控制（risk control）、风险转移（risk transfer）/风险自留（risk retention）和风险处理（risk coping）三个的类别，这也构成了农业风险管理的主要内容。按照农业生产的规律可知农业生产风险发生概率服从帕累托分布（Holzmann & Jorgenson，2001；Goodwin et al，2008），如图2.2所示，农业生产风险发生概率与农业损失之间存在负相关关系，概率越小的农业风险发生产生的农业生产损失往往就越大。在没有政策性农业保险分担农业风险的条件下，农业生产参与者为应对不同程度农业风险也通常采取不同的应对措施和风险管理方式。在面对概率较高但低损失率的风险时，主要采取风险控制的管理策略，例如多样化农作物种植、增加化肥施用量、轮种、多种经营等常规方案，来缓解农业生产风险带来的损失。当农业生产者面临发生概率相对较低但损失更大的农业风险时，更多的是采用"风险转移＋风险处理"这种处理方案，具体如灾前放弃质量较差土地的耕种、灾前增加农用设施的投入数量，灾后出售不动产、借钱、暂时性农业转移甚至放弃农业生产等都属于风险处理的范畴。

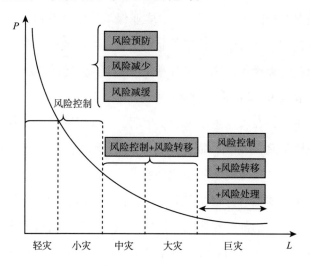

图2.2　农业生产风险与农业风险管理

资料来源：Giancarlo Moschini and David A. Hennsssy. Uncertainty, Risk aversion and Risk management for Agricultural Producers [J]. Handbook of Agricultural Economics, 2001 (1)：88 –153.

但单纯依靠农业从业者难以应对频发及影响范围巨大的农业生产风险。在农业生产风险尤其是大规模风险存在的条件下，由于不存在有效的分散风险机制，在风险冲击导致的损失预期的影响下，农业从业者更愿意选择"保守"的生产经营策略，难以为下一轮农业生产提供资本支撑，这也会导致农业生产一直处于低效率运行状态。并且当农业风险实际发生时，虽然农民可以采取一定的风险应对措施减少农业风险损失，但当大范围、大规模的农业风险发生时大量农业损失可能导致农业从业者正常农业生产难以持续和保证，从而产生严重的社会问题，影响社会的稳定。

农业保险制度可以有效地帮助农业从业者分散风险，减少农业风险冲击所造成损失，并能够弥补受灾后损失，为后续基本农业生产恢复提供资金支持。哈伍德等（Harwood et al, 1999）认为，"农业保险是一种综合性、利用集合风险分析机制，从整体上对农业生产风险进行管理的市场化工具"，它利用"大数定理"将每一个参保农户的农业生产风险分散到所有参保农户身上，从而达到分散农业生产风险的目的，减少可能发生的农业生产风险对农户的冲击。事实上，农业保险的保障就相当于减少农业生产风险，这样农民就可以将更多资金用于农业生产效率的提升，而减少应对风险的风险管理投入，这显然有利于农民摆脱"低收益率陷阱"，最终实现农业发展（Shaik et al, 1998）。

具体到本书，在农业生产风险发生前，农业保险公司不仅可以对参保农户进行风险管理的培训，而且指导并协助参保农户进行必要的防灾举措，降低农业生产风险发生时造成的损失。当然在农业生产风险发生后，当保险标的出现受损后，农业保险公司会按照保险合同对标的损失进行赔偿，补偿参保农户的部分农业风险损失，从而为下一阶段的灾后农业生产恢复提供物质基础，起到稳定农业生产的目的。因此，从理论上讲，政策性农业保险的引入可以有效地分散农业生产风险。本书主要运用风险管理理论来分析，农业生产者在面临不同程度农业生产风险时，尤其是当农业生产风险被政策性农业保险分担后，其农业生产的调整行为。

2.2.3 信息不对称理论

信息是市场进行资源配置重要的影响因素（张维迎，2004）。在古典经济学分析框架下，市场交易的双方对信息都是完全掌握，不需要支付任何成本就可以自由获取，就像空气一样（Arrow，1963）。但是，市场实践表明，信息并不是一种可以完全免费获得的共享资源，而是像生产要素一般具有"稀缺性"特征的关键资源，它需要市场交易主体付出时间成本和资源成本来获取，这部分为获取市场信息所衍生的额外成本叫"搜索成本"（Stigler，1961）。在利润最大化和成本约束的前提下，搜索成本的存在以及不断上升的特征导致市场主体无法获取所有交易相关的所有信息，因此市场总是处于"信息不完全"或者"信息不对称"的状态之中，市场主体也只能根据有限的信息作出相应最优决策（Rothschild & Stiglitz，1978）。

根据斯蒂格勒（Stigler）的论述，所谓的信息不对称是指市场交易双方在信息掌握数量和质量等方面存在差异。这种差异市场一定存在着信息优势的一方以及信息劣势一方，优势一方就可能利用占有的信息优势，来获取"机会主义收益"（opportunistic gains）。利用信息不对称获取机会主义收益，可以根据签订交易合同时间节点划分两种：一种被称为道德风险（moral hazard），即：发生在合同签订之后所产生的由于信息不对称而产生的不当机会主义收益。另一种被称为逆向选择（adverse selection），主要是发生在签订合同之前，信息占优势一方利用信息不对称而获得不当机会主义收益的行为。这种利用信息优势而不当得利的行为不利于市场交易整体收益的提升。商业保险市场是典型的信息不对称市场，该领域内绝大部分相关经典文献研究都证明了这一论述（Arrow，1963；Akerlof，1970；Mosssin，1968；Mayerson，1991）。事实上，保险市场交易双方都有利用其信息优势地位的倾向，他们通过隐瞒自身信息释放错误信号的途径从而获取机会主义收益，这种不当得利会导致保险市场整体效率下降引发市场失灵，最终不利于参与双方整体收益的提升（Arrow，1963）。

具体到农业保险研究领域，农业生产的具体信息是由农户自己掌握，保险人在成本约束的条件下很难获取参保农户所有的农业生产信息，例如土地肥沃度、农业生产和管理方式等信息，并且购买保险后参保人的生产行为保险人无法时刻进行监管，只能进行事后检查，这就会造成典型信息不对称现象（张跃华，2013），自然也会引发道德风险和逆向选择问题。首先是道德风险源问题。由于监管成本的限制，保险人无法监测到参保农户投保后的生产行为信息，相关生产风险被分担的条件下，参保人对于农业生产风险防范措施就会偏离没有参保时的风险防范策略，倾向于降低防范农业风险的努力程度。例如参保农户对于初级风险不防范（张维迎，2004），减少农业生产投入规模（黄英君，2015）。其次是逆向选择问题。在保险合同签订前，投保农户可利用自己掌握的信息优势，刻意隐瞒标的真实信息，导致保险公司无法识别出高风险、低风险农户，所以保险公司只能采取较高的统一费率来推行保险，这时低风险农户的参保意愿就会下降，相反高风险农户更愿意参保（张洪涛，2006；Goodwin，1985）。这也导致农业保险市场中存在更高比例的高风险参保者，保险公司亏损的概率就会上升。为了冲抵损失，保险公司也会提高保费水平，这种循环持续显然不利于农业保险市场良性发展，从而导致农业保险市场失灵。这也是政府介入农业保险领域的重要原因之一，但是政府因素介入农业保险并对农业保险保费进行补贴，实质上分担了部分道德风险和逆向选择风险。但是，无法消除这些风险，双方的信息不对称变成了三方信息不对称，当这种风险达到一定程度时势必会造成政策性农业保险效率下降甚至无效，从而无法对农民生产风险的改善提供帮助（郑伟，2019），自然无法达到预期的政策目的。

2.3 农业保险对农业生产影响的研究回顾及文献综述

自从农业保险项目进入保险市场，针对农业保险对农业生产影响的相关研究就已经开始，并且获得大量的经典研究成果，但随着农业保险实践的不断深入，农业生产环境和生产行为的转变，目前仍然存在一些亟须深入研究的领域（Goodwin，2008）。相对国外，我国相关研究更是如此，政策性农业保险作为新兴的惠农政策，国内相关文献仍然缺少系统性研究，它对于我国农业生产影响仍然需要更深层次的探讨（陈文辉，2015）。更深层次探讨需要完善文献梳理作基础，基于此，本书在对农业生产行为概念进行界定的基础上，按照农作物成熟前农业生产和成熟后农业产出两个阶段，分别从农业保险对多样化种植方式的选择、农用化学生产要素投入数量、粮食产量及农业生产效率四个维度对国内外研究文献进行梳理，进而确定研究方向和内容。

2.3.1 农业保险对种植专业化影响的相关研究

农民种植方式一直都是农民自身抵御农业风险重要工具（Erik，2002）。传统意义上，种植方式选择多是受到风险和非风险两个方面因素的影响。关于非风险因素的研究方面：因受到生产资料相对有限、市场规模无法无限扩展、土地碎片化等因素的影响，农民为追求土地收益的最大化，更倾向于选择轮种、多样化种植的生产方式。若这些非风险因素成为决定农业生产方式主因，就极有可能导致农业保险不仅不会降低农业生产多样化趋势，反而会强化多样化种植倾向，甚至会固化多样化种植的生产方式，这样农民就会"跌落"在"低效率陷阱"难以改变，最终不利于整体农业生产效率的提升（Kirwan，2014）。

具体到国内的研究也可以发现，中国农民之所以选择多样化的种植方式，更多的是受到"人多地少""土地碎片化""小而全思维""集体经济组织服务弱化"等主客观因素多重影响下，农民为了保证自身收入不至于出现过大波动，并且满足多样化的内在需求，更多地选择多样化种植结构（卢华、胡浩，2015；陈传波，2005；聂波，2014；Zhao，2016），这也是政府一直倡导种植业结构调整没有取得预期效果的关键原因（温思美，2002）。

国内外关于风险因素影响农民种植行为方面的研究，主要集中在不同风险水平下农民生产行为所表现出来种植行为的差别。对于缺乏风险分担工具的风险厌恶和风险中性农户而言，在不确定性风险和不对称信息条件下他们往往通过种植多样化选择来获得最优的自我保险，从而降低收入过分波动，维持收入的相对稳定（Bromley & Chavas，1989）；但是对于参加农业保险的农民而言，基于精算均衡的农业保险可以帮其将生产风险外化，从而降低自我保险（self-insurance）程度，这促使农民选择风险相对较高的种植方式，最终利用规模效应来提升自己生产效率和期望收入（Goodwin，2012）。

更进一步地，部分学者认为，农业保险对于农业生产内部风险的降低，会推动风险中性、风险厌恶的农民更倾向于选择风险相对较高、期望产出更大的农业专业化生产方式，但是对于偏好风险的农民而言，政策性农业保险对其生产方式影响并不明确（Jeremy Nigel & Erik，2015；Jisang Yu，2016a，2016b）。埃瑞克（Erick，2013）使用美国 FCIRA 农业保险政策实施前后的微观数据，构造五种不同的测量农业多样化程度指标，定量分析了政策性农业保险对农民生产行为的影响，结果发现政策性农业保险补贴标准的提升显著推高了农场的专业化程度，并且带来了积极的产出效应。同样，宗国福等（2014）使用国内微观调查数据，定量分析了农业保险与农户生产行为关系，研究结果显示，政策性农业保险补偿水平满足了大多数农户收入风险分散的预期，农户对政策性农业保险态度更为积极，其承担生产风险和收入波动程度低，并出现了生产行为的转变现象。有学者使用美国西海岸政策性农业保险数据，通过对比在不同保险赔付条款的情况下不同种类农作物种植面积发现，补贴金额较高的农作物种植面积出现明显的上升（Paulson & Schnitkey，2016）。但是以上两则文献并没有专门对种植专业化行为进行研究。

还有部分学者认为，厌恶风险的农业生产者在面对不完美的保险市场和农业保险未达到其预期理赔条件时，即使事实上农业保险已经降低了农民承担的生产风险，参保农民也会有很大概率选择旧有的多样化生产方式，甚至更为保守。之所以产生这种现象，有学者认为，农民厌恶风险程度以及农业保险能够帮助农民抵御风险的程度起到了关键作用。使用印度的调查数据进行实证研究的结果发现，风险厌恶程度越深的农民个体越倾向于选择多样化的生产方式，更愿意为降低收入波动而放弃专业化生产条件下较高的期望收入，即使推行农业保险降低农民生产风险的政策措施，在未达到厌恶风险的农民所能接受的程度之前，并不会促使农民改变自己多样化生产行为方式（Ballivian & Sickles，1994）。因此在面对政策性农业保险实施前提下，采用不同的补贴标准、不同程度的补贴保障水平，农民选择专业化的生产方式的结论也可能不同（Pope and Prescott，1980；Mishara and El-Osta，2002；Zhao Y，2016）。

通过对以上文献的梳理可以发现，农业保险对农业多样化种植行为影响的研究结论并非一致，而是和研究对象所处的社会经济环境、农业保险具体条款息息相关。那么，我国自 2007 年开始试点的政策性农业保险究竟对我国农业种植行为选择究竟起到什么影响，国内仍没有相关的研究，但这种行为的改变对于我国农民摆脱低水平积累困境、提升农业生产效率都至关重要，同时该结果对于农业保险政策的完善也意义重大。

2.3.2 农业保险对农用化学生产要素投入影响的相关研究

在各地政策性农业保险影响范围不断扩大和国家农村生态环境重视程度逐步加深的大背景下，政策性农业保险对农业生产环境的影响成为各方关注的焦点，但是研究结论却不尽相同。

传统的观点认为：农业保险制度下的道德风险会导致农户减少包括农药、化肥等生产要素的投入。基于单输入单产出模型，就农业保险对农业生产要素投入数量的影响的研究结果显示，两者之间存在显著的负关系（Ashan et al，1982）。从道德风险的角度入手的研究发现，农业保险的保障水平促使农民氮肥使用数量减少（Quiggin et al，1993）。史密斯和古德温（Smith & Goodwin，1996）的研究也得到相似结论，研究发现对于小麦生产者而言，参保农户相对于非参保农户而言更倾向于投入更少的化学药品。亨尼西（Hennessy，1996）更进一步，他采用蒙特卡洛模拟分析的方法，研究发现农户的风险态度与保障水平对于化学要素的使用产生显著负向影响，但是影响程度受农业保险保障水平和农户风险态度的影响，当保障水平低于70%时，会导致氮肥施用量减少，而当高风险规避的农户面对保障水平高于90%的农业保险时，将降低化肥施用量10%。

与传统观点相左，部分学者则认为政策性农业保险不仅不会降低化学要素的投入，反而会增加其使用的规模和程度，霍洛维茨（Horowitz，1993）利用递归模型实证研究发现，美国中西部地区购买了农业保险的谷农倾向于多施用化肥约19%，农药约21%。拉弗朗斯（Lafrance，2001）则从土地资源配置这个角度入手，认为参保地区农民倾向于扩大作物的耕种面积，尤其是会加大对边际土地的开发，为了维持土地基本的肥力保证作物生长，农民自然会增加化肥、复合肥的使用。生产环境的差别也可能会对扩大土地使用规模出现明显差异，在环境风险较大的地区，农业保险计划一定会促使当地农民扩大土地规模，降低环境边际收益，造成环境质量下降（Wu，1989）。具体到国内，由于土地资源特殊属性，中国地区农民对于边际土地开发缺少应有前提，所以从土地资源配置这个角度分析，无法得到农业保险和农用化学药品使用相关稳健型直接关系（付小鹏，2019）。

部分研究持有第三类观点，他们认为农业保险并不会显著影响农用化学药品施用数量。古德温和史密斯（Goodwin & Smith，2003）、古德温（Goodwin，2004）通过结构方程识别方法，将参加农业保险与土地增加同时进行估计，结果发现农业保险并未显著促使农民扩大边际土地使用的行为，所以由此所造成农用化学药品使用数量增加的结论并不能得到实证的支持。沃尔特斯（Walters，2012）、罗杰（Roger，2015）的研究更为全面，他们分别采用美国中部地区部分州农户层面数据，利用 APEX 模型从作物选择、种植行为、边际土地使用等角度分析农业保险对当地农业生态环境的影响，结果并未发现农业保险会显著增加农用化学药品的施用，因此对于当地的农业生态环境影响非常有限。

目前，以中国农业保险为研究对象的相关研究非常有限，在有限的文献中也出现了相反的观点。钟甫宁等（2006）采用联立方程的方法，对新疆玛纳斯河流域的棉农棉花种植行为进行研究，研究表明农户参保对降低生产风险的农药施用量将会产生影响，相对而言化肥和农膜的使用并未出现明显变化。张伟等（2012）认为土地的扩张肯定会造成负面的环境效应，但是他缺乏全国范围内实证数据的支持。宁满秀（2007）的研究也相似，该研究以预期效用理论为基础，从农户视角对农业保险制度的环境经济效应给出一个理论分析框架，其认为政策农业保险与农户化学药品使用之间是共同作用的过程，两者之间的关系确定需要根据保费水平、保险深度、土地生产效率等关键因素，而进行具体问题具体分析。与钟甫宁（2006）的研究观点相左，张弛（2017）的研究得到了相反的结论，该研究使用 PSM 的实证研究法方法，研究结果发现参保农民更倾向于使用更多复合肥，但是对化肥、农药这两项重要的化学药品使用的影响却没有研究。以上研究，尤其是基于中国的研究缺少一个重要前提：农用化学生产要素本身的性质以及政策性农业保险风险属性的探讨。这或许是深层次理解农业保险如何影响要素投入的关键作用路径。

2.3.3　农业保险对粮食产量影响的相关研究

由于农业保险制度施行时间的差异，国外学者的相关研究更集中在农业保险对农业产出、农民农业生产行为以及农民福利影响。相对而言，国内学者研究前期更多集中在农户投保意愿影响因素和保险机制设计管理方面，但是随着我国农业保险制度进程持续推进，农民参保意愿和参保规模都得到大幅度提升后，国内相关的研究方向也开始转为政策评估。

针对农业保险的影响的研究发现，农业保险对农民收入（Goodwin，2002；Glauber，2007；Xavier Gin et al，2008；Milan，2013；Rosenzwe，1993；World Bank，2000）、农业正常生产（Joseph & Keith，2002）、农产品价格（Ligon，2011）、使用化学药品影响环境（Smith and Goodwin，

1996；Lafrance et al，2001；钟甫宁，2006）、农业技术推广（Babcock & C. Hart，2000）等一系列变量高度相关。但具体到农业产出方面，相关研究成果呈现两极化。

有研究表明，政策性农业保险有助于农业产出水平的提升。研究 1998 ~ 2000 年农业保险对保障农作物产量的影响发现，农业保险实施显著提高了农作物产出水平，提升的幅度在 0.28% ~ 4%（Orden，2001）。众多研究也认为农业保险对农业产出会产生积极的正面促进作用（Siamwalla & Valdes，1986；黄如金，1999；Blacek，2000；庹国柱，2002；王向楠，2011）。针对国内的研究，以王向楠（2011）的研究最为典型，他利用 2005 ~ 2009 年全国 307 个县市的面板数据，采用 GMM 方法，研究发现，农业保险的发展显著地促进粮食产出水平增加，在农业生产风险越大的地区，农业保险对农业产出水平的正向影响越大；主要原因可能是农业保险消除参保农户的后顾之忧，增加了其对新技术新品种的接受程度，有助于提高应对风险的能力，进而提升了农产品产量；并且农业保险可以为农户受灾后恢复正常农业生产提供资金支持，这显然有助于这些地区农业生产产出水平的提升。

也有研究表明，农业保险对于农业生产产出水平并不存在显著影响。部分学者（Hazell，1981；李军，1996；冯文丽，2004；费有海，2005；张跃华，2007）认为，在一定条件下，农业保险非但不会提升农业生产产出水平，甚至会对农业产出水平产生负面影响，进而不利于农民福利的提升。这部分研究主要从以下两个角度切入。第一，从农产品需求属性入手。理论上，农业保险有助于农户采取新技术进行农业生产，提高农产品产量或质量。但农产品尤其粮食类作物本身属于需求弹性较小的产品类型，价格波动相对一般产品而言更大，当第一期农产品产量实现增长时，"谷贱伤农"将会导致农产品产量增加带来福利损失问题，这种福利损失的现象同样也会出现在政府对农业保险进行补贴的情况下。福利下降会影响下一期农业生产的积极性，从而不利于农作物生产。张跃华（2006）和蔡超（2015）分别利用上海和河北的面板数据发现，农业保险与当地农业产出水平并没有显著相关关系；邢丽（2014）等选取 17 种农作物，设置了 6 种方案，利用省级数据模拟了政策性农业保险及补贴对农户收入的影响，结果发现，补贴高低显著影响农户的收入水平，过高的补贴会刺激农户生产行为，造成农产品供给量增加过多从而对农民收入产生负面影响，并对下一期的粮食生产造成负面影响。第二，从逆向选择和道德风险因素入手。理论上任何保险项目都会导致逆向选择和道德风险问题，尤其是在高赔偿率保险项目保障条件下。奥多诺休等（O'Donoghue et al，2009）利用 FCIRA 政策实施前后对比分析后发现，因逆向选择和道德风险造成主要粮食产量增长率至少损失 1%。

通过对国内已有相关文献进行梳理后可以发现，首先，针对新政策性农业保险的研究较少。已有的研究大多都是基于"旧农业保险政策"的数据展开分析，缺少最新数据尤其是政策性农业保险试点以来实证数据支撑。其次，针对政策性农业保险是否能分担灾害风险的研究较少。绝大多数相关研究将研究重点集中于农业保险与农业产量的分析，但是对于农业保险最核心的功能——协助受灾农民恢复农业生产进而维持农业生产持续，研究得却十分有限。这也可能是造成目前国内研究成果无法获得一致性结论的原因。

2.3.4　农业保险对农业生产效率影响的相关研究

农业生产效率直接代表着农业发展的质量，同时也是众多农业政策施行的目的（陈文辉，2016）。在这一背景下，政策性农业保险作为最新的支农、惠农政策，它与农业生产效率之间的相关关系自然也成为学界关注的焦点，不同学者从不同角度入手，利用不同的数据和实证方法对该问题进行了大量的定性和定量研究，总的来说，这一领域内研究成果可以大致分为两类。

一类认为，农业保险对农业生产效率有正向的促进作用。部分学者认为，农业保险可以通过分散风险的作用机制，提高农民对农业风险的耐受性和生产积极性，效用最大化促使他们选择风险性较大但更具效率的生产技术和生产方式，这显然有利于先进农业生产技术的推广，进而提升产量和生产效率（Schultz，1964）。农业保险的正向作用主要有三个：一是，农业保险有助于农民增加农业投资和生产资料投入强度。农业保险可以通过共同分担农业风险的方式，为农民提供增加投资和扩大农业生产投入的保障，并且在发生农业生产风险的条件下，农业保险的补偿金可以帮助受灾农户迅速恢复再生产，因此政策性农业保险在农业生产中起到了至关重要的稳定作用，这有助于农民增加农业投资的信心，并有利于提升农业生产效率（Hazell，1992；Torkamani，1998；张跃华，2007）。庹国柱、李军（2003）从理论上也证明了以上的逻辑关系。二是，农业保险有利于农民引入相对高风险新技术、自动化机械，从而有利于提升农业生产效率。在没有农业保险保障的条件下，厌恶风险和风险中性的农民为了降低未知的农业生产风险冲击，减少农业生产风险所造成的损失，大概率会沿用相对保守的农业技术或农业自动化机械。但是当农业保险引入后，农业生产风险被分担，当风险分担达到一定程度时，农户也可能会加快对新技术、自动化机械引入进程，这有助于农业生产效率的提升（Orden，2001）。曹卫芳（2013）通过理论分析也得到相同的结论，而且认为农业保险可以降低农业生产波动从而可以为下一期农业生产积累资本，降低农民对新技术、自动化机械所产生风险的厌恶程度。三是，通过降低农业生产多样化方式提升农业生产效率。国内实践经验和实证研究都证实了专业化种植方式有利于提升农业生产效率（Weber，2015；Katchova，2005；Mishra，2002），但是没有农业保险覆盖的条件下，厌恶风险和风险中性的农民更愿意选择风险较低的"小而全""多样化"的农业生产方式来应对未知农业生产风险，这种农业生产方式会增加农业生产的碎片化程度，不利于农业资源的合理配置和生产效率的提升（Haji，2007）。研究发现，当引入农业保险后尤其是在政府补贴农业保险保费的条件下，参保农户更倾向于选择生产风险高但生产效率更高的专业化生产方式（Jisang Yu，2015，2016；Hennessy，1998；付小鹏，2017）。

　　另一类认为，农业保险市场存在的道德风险和逆向选择对农业生产效率产生负面影响。绝大部分农业经济领域学者都认为，农业保险虽然可能分担农民生产风险并帮助农民受灾后恢复生产，但农业保险市场是典型的信息非对称市场，相伴随的道德风险和逆向选择风险都会导致农业保险市场失灵，这显然不利于农业生产效率的提升（Ray，1974；Goodwin & Smith，1995；Quiggin et al，1999）。具体而言：一方面，道德风险的冲击。在保险机制分析框架下，参保人利用只有自己对农作物掌握的信息优势，为了获得超额收益，可能刻意隐瞒真实的农业生产过程和产出信息，并且对农业生产疏于管理，这显然不利于农业生产效率提升，这种道德风险在农业生产领域的表现尤其明显（周县华，2005）。史密斯和古德温（Smith & Goodwin，1996）在控制土地质量的条件下，发现堪萨斯州的参保农民相对于非参保农民，由于道德风险的原因导致其每亩化肥投入减少 4.32 美元。龚强（2012）的研究也证实这种影响在国内也确实存在，尤其是在农业生产存在相对较高的风险时，参保农户不会主动进行风险防范进而造成农业生产损失，这显然不利于农业生产效率的提升。另一方面，逆向选择的风险冲击。我国地缘广阔，区域间农业风险存在较大差异，来自高风险地区的农户也更倾向于参保，农业保险公司受利益驱使会对来自这一区域内农户提供价格更高的农业保险产品，保险公司和参保农户博弈结果就是保险市场中留下都是来自高风险地区参保者，这显然不利于农业生产效率的提升。古德温（Goodwin，1993）的研究表明也证实了这一点，他的研究发现，农业生产风险相对较高地区的农业保险的需求弹性却非常小，这也意味着处于风险更高地区农民更愿意多购买农业保险。虽然道德风险和逆向选择在实证研究中很难被识别和区分，但以上两种风险却真实存在且无法消除，过高的风险一定会给农业生产效率提升带来负面影响（Quiggin et al，1993；Ray，1981）。

　　通过对文献的梳理可以发现，目前政策性农业保险对农业生产效率存在两个相反方向的影响，其对农业生产效率的净影响取决于具体农业保险制度设计和研究对象所处农业风险特征。具体到国内，关于探讨两者之间关系的文献非常有限，为数不多的研究也面临着一个严重问题：2007 年前后农业保险分属于不同性质制度，忽视这一前提可能会造成估计偏误；并且该领域相关研究缺少因果关系的探讨，这都会导致实证研究结论不够稳健。

2.3.5　文献述评

通过对以上相关文献的梳理可以发现，国内关于农业保险对农业生产影响的相关研究大致可分为两个时期。早期受限于我国农业保险发展停滞不前的发展现状，相比国外较为丰富的研究，中国学者在这一领域研究较少。已有的文献更多集中在农业保险的机制设计、政府是否应该介入农业保险以及西方发达国家农业保险建设经验介绍等方面，规范的理论分析比较多，实证研究较少，为数不多的实证分析都集中在某些省份针对特定农作物保险施行所产生的影响，如新疆针对棉花保险施行对化肥使用量的影响、内蒙古奶牛保险施行所产生的道德风险等，缺乏更广范围的研究。自2007 年开始，在政策性农业保险试点逐步展开的背景下，与之相关的经验和实证研究文献数量也开始增加，这些研究成果为理解政策性农业保险与农业生产内在关系提供了丰富的理论支撑和有益的参考依据，但也存在以下有待深化和拓展的空间：

（1）针对政策性农业保险对农业生产影响的文献较少。现有大部分文献将研究的视角聚焦在农民参加农业保险影响因素分析、农业保险对农村经济的影响、农业保险对家庭消费的影响、农业保险对农民福利的影响等外部影响，针对政策性农业保险是否承担起分散农业风险责任、应对灾后损失恢复生产以及对农业生产产生何种影响等内容的定量研究较少。

（2）现有的部分文献忽略了 2007 年前后农业保险本身性质的变化。在 2007 年后，中央和地方政府财政对农业保险进行保费补贴，并且接入农业保险公司管理，这标志着中国农业保险制度由"政府提倡＋保险公司自我管理"阶段正式进入"政府财政介入＋保险公司共同管理"阶段。

现有部分文献忽视了制度变化这一重要前提，将 2007 年前后农业保险视为同一制度。这一方面会因道德风险和逆向选择导致估计偏误。2007 年前，农民家庭自愿参加农业保险、自己独立承担农业保险保费，这会导致农业生产风险更大的农户更愿意参保，保险公司也会根据当地生产风险设计不同缴费档次，这会放大保险中道德风险和逆向选择风险，造成估计偏误。另一方面，现有研究文献绝大多数选择保费收入或者人均保费收入作为农业保险替代变量，2007 年前后保险保费收入的巨大差异可能会低估政策性农业保险影响，导致无法真正评估政策性农业保险对农业生产的影响。

（3）现有相关研究文献主要采用固定效应模型、结构方程、面板数据混合回归模型及最小二乘法等实证分析方法，难以解决选择性偏误、遗漏变量等内生性问题，一定程度上可能造成估计结果的偏误，不利于准确识别政策性农业保险与农业生产之间的因果关系。

（4）现有文献中关于政策性农业保险对农业生产影响的动态性和异质性的深入研究付之阙如。现有基于宏观数据的研究文献更多的是将农业生产视为静态过程，忽视了农业生产是一个持续性的动态性过程的特征事实，忽略了政策性农业保险对农业生产行为影响的时滞性特征；现有基于微观数据的部分研究文献，将参保行为和生产行为的改变视为同一过程，这显然与实际农业生产相悖。另一方面，现有文献关于政策性农业保险对农业生产影响的异质性研究不足。中国省际间农业生产风险差异巨大，农业保险发挥作用的大小与当地农业生产风险差异紧密相关，仅仅通过人为划分"东、中、西""南方、北方"的方式，无法"干净"识别农业保险对农业生产的影响。

（5）缺少来自粮食主产区微观数据的实证验证。现有相关研究成果均基于宏观面板数据进行分析，虽然基于宏观数据的实证结果也能说明政策性农业保险与农业生产之间的关系，但经微观加总得到的数据可能会丧失农民个体特征及农业生产面临的生产环境。现有为数不多的基于微观数据进行的研究，主要将研究视角聚焦于棉花、蔬菜种植等特殊农作物，缺少对粮食生产这一农用化学生产要素投入大户的数据收集和深入探讨。

这些不足导致相关研究结论不尽相同,甚至出现矛盾,由此得到的政策建议也各抒己见,缺乏系统性有说服力的研究结论,不利于准确地评估政策性农业保险对中国农业生产产生的真正影响,无法精准揭示政策性农业保险本身存在的问题,自然不利于农业保险制度完善和中国农业可持续发展。

2.4　本章小结

农业风险与农业生产相伴而生,如何降低农业风险给农业带来的损失一直都是农业生产管理重要的目标,该目标在现代化农业生产背景下仍没有改变。农业保险作为一种市场化农业风险管理工具,一直都是各国政府推行的重要农业支持政策,同时也是 WTO 框架下允许的"绿箱政策"之一。我国政策性农业保险自 2007 年试点开始算起已经运行了十几年,其稳定农业生产、降低风险损失的政策目的是否达到,以及政策实施对农业生产行为产生怎样的影响,这些问题的回答对于评估和完善我国政策性农业保险制度非常重要。但是要准确地识别出以上影响,准确的定义、符合逻辑规则的基础理论、充分的文献综述是基础。

基于此,本章首先对农业生产风险、农业保险、政策性农业保险、农业生产行为等核心概念进行了界定。其次,明确本研究的理论基础。主要介绍了期望效用理论、风险管理理论及信息不对称理论,同时对如何在农业保险对农业生产行为影响的分析中应用以上理论进行简单了分析。这三者既有所区别又相辅相成而构成统一有机体,农户进行农业生产的主要目的就是达到自己预期效用最大,这种期望可能具化为产量最大、收入最高等,但是由于农业生产风险天然存在,农户为了降低风险带来的损失就会引入相应的风险管理措施,当单个农户无法分散较大规模农业生产风险时就可能造成农业生产的不稳定和不可持续。农业保险可以通过市场化方式分散较大规模农业生产风险，对农业风险造成的农业生产损失进行补偿以保证农业生产的可持续。当然由于农业保险市场性质决定着市场中一定存在信息不对称现象，由此引发的道德风险和逆向选择风险可能会导致农业保险市场失灵，从而不利于农业生产风险的分散，也自然达不到政策性农业保险预期的政策目的，但究竟产生什么样的影响，需要进一步实证分析。最后，本章从农作物选择行为、农用化学要素投入行为、粮食产量以及农业生产效率四个角度，分别梳理了国内外农业保险对农业生产行为影响的相关研究，总结出已有文献值得借鉴的研究逻辑、方法以及不足之处，既明晰了本研究的研究逻辑，又为接下来详细分析奠定了研究基础。

第 3 章

中国政策性农业保险的发展
历程及发展现状

本章在构建政策性农业保险对农业生产影响机制的基础上，在进行实证检验前，为进一步贴近中国实际，更好地理解研究对象的历史背景和现实状况，为后续分析奠定基础，首先对中国政策性农业保险的发展历程进行梳理、回顾与分析；其次借助相关统计数据，从中国整体及省际双重视角，对中国政策性农业保险的发展现状进行统计性描述分析。

3.1 中国政策性农业保险发展历程

3.1.1 前政策性农业保险发展阶段（1949~2005 年）

任何制度都有历史的规定性（Lee J. Alston，1996），中国农业保险也不例外。早在西周时期，我国就有了古代农业互助的思想萌芽。无论是来自政府的"荒政思想""仓储制度"，还是来自民间的"养老防老，积谷防饥""自发互助组织"等农业生产策略，都在一定程度缓解了农业生产风险对家庭农业生产的冲击，保障了基本的农业生产活动正常运转（龙文军，2004）。但以家庭为核心的"家国同构"社会结构，伦理本位制度结构以及独特的中华文化、民族意识，这些因素交织在一起决定了现代意义上的农业保险制度不能自发形成，而只能通过制度移植或者制度嫁接的特殊形式进入中国（黄英君，2011）。

我国的农业保险制度建设自新中国成立之初就已经开始，各地区借鉴苏联的制度建设经验纷纷进行农业保险试点，但这种尝试随着 1956 年社会主义改造完成戛然而止。社会主义改造完成后，人民公社开始承担起抵御农业生产风险的责任，农业保险实质上也成为资金在不同全民所有制企业中无谓的转移，保险金的转移事实上与财政职能相重叠，这只会徒增管理成本，并且起不到分担农业生产风险的作用。鉴于此，中央政府于 1958年 12 月决定停办国内农业保险业务（陈文辉，2015；黄英君，2011；中国保险学会，1998），农业保险制度建设陷入停滞。

这一局面直到 1978 年党的十一届三中全会后才开始改变。党的十一届三中全会以后，我国开始建立并普遍实行家庭联产承包责任制，废除了人民公社体制，同时期相应的农业、农村经济制度也开始建立起来，农村家庭也成为独立生产单位；出于保障农业生产正常运转、分担农业生产风险的政策目的，停办 24 年之久的农业保险政策又被纳入议事议程。1982年 2 月，国务院批转中国人民银行《关于国内保险业务恢复情况和今后发展意见的报告》中指出："为了适应农村经济发展的新形势，保险工作如何为八亿农民服务，是必须予以重视的一个课题。各地应从实际情况出发，积极创造条件，抓紧做好准备，逐步试办农村财产保险、畜牧保险等业务"。随后，中国人民保险公司首先从畜禽保险开始积极进行农业保险试办工作，各级政府非常重视农业保险试点工作，积极推进试点工作。1982 年和 1983 年短短的两年间，全国先后有 25 个省、自治区、直辖市推行了农业保险试点工作。试点地区和农业保险险种不断增加，服务领域也扩展到几乎所有的农业生产门类。

1986 年，在财政部的支持下，新疆生产建设兵团成立了民兵农牧保险公司，在兵团建设范围内开展农业保险业务，这也是第一家专业农业保险公司。1987 年中共中央在《把农村改革引入深入》中指出，发展农业社会保障事业，有条件的可试办合作保险。1991 年，中共中央十三届三中全会的决定进一步明确提出：积极发展农村保险事业，扩大险种范围，鼓励农民和集体投保；在各级政府的支持下，建立多层次、相互联系的农村专项的保险基金，逐步建立农村灾害补偿制度。农业保险也进入快速发展阶段，1992 年农业保险费达到 8.17 亿元，几乎是 1982 年的 3551 倍，该年也是经营农业保险业绩最好的一年，全国农业保险承保面积达到可保面积的约 5%（中国保险学会，1998）。这一期间，农业保险按照"收支平衡，略有结余，以备大灾之年"的经营原则，取得了不错的社会效益，为保障农村经济的稳定和发展起到非常重要的作用。

随后，我国农业保险业务也陷入低潮。1993 年明显是这一阶段的分水岭，农业保险业务经历了由高速增长到低速增长滑坡过程，农业保险也陷入困难。2003 年保费收入仅为 1993 年的 1/4，农业保险收入占财产保险收入的 0.66%，2004 年更是进一步下滑至 0.35%，农业保险行业发展在整个保险业务高速发展的背景下显得格格不入。造成农业保险陷入困顿的主要原因在于，政府缺乏对农业保险的补贴和政策支持。国外农业保险建设实践经验都表明，农业保险产品并非简单商品，而是具有准公共产品属性的特殊商品，这也就决定了依靠商品市场管理是无法做到有效供给的。由于农业保险风险高、风险造成的损失大且赔付率高的特征，农民不愿意也没有能力支付较高保险费。早期农业保险公司虽然内部消化一部分损失，但在没有外部资金注入条件下农业保险公司是无法承担长期的经营亏损，出于公司经营安全的考量，农业保险公司不得不压缩农业保险业务规模，整个农业保险市场也进入日益萎缩的恶性循环状态（黄英君，2011）。2004 年，中国人民保险公司宣布退出农业保险市场，并且剩余的保险公司也将业务范围限制在种养两类。随后，农业保险市场格局有了一些新的变化，一些新的农业保险公司主体进入该领域，农业保险规模也有所提升，但整体上并没有实质性突破，仍然处于"市场失灵"状态（陈文辉，2015），多年的实践经验和教训得出了与国际保险业界相同的结论，政府不能在农业保险推广过程中"缺位"，必须要承担起财政补贴责任。

3.1.2　政策性农业保险试点阶段（2007～2013年）①

2007 年是中国农业保险发展历史上新的起点。正是看到农业保险对农业生产的巨大作用，中央及各级政府又一次将农业保险制度建设摆上议事议程，充分吸收我国早期农业保险建设失败教训和发达国家农业保险建设的成功经验。2006 年国务院在《关于保险业改革发展的若干意见》中明确提出探索中央和地方财政对农户投保给予补贴的方式、品种和比例，对保险公司经营政策性农业保险适当给予经营管理费和保费补贴，探索建立中央、地方财政支持的农业再保险体系。从 2007 年开始新一阶段农业保险建设进入快速发展，当年中共中央一号文件首次明确中央财政对于农业保险的补贴责任，并将农业保险费的补贴列为财政预算科目，首批列入 10 亿元的预算补贴政策性农业保险保费支出。按照国务院、财政部的相关文件要求，各省、自治区、直辖市也必须承担一定的农业保险保费财政配套责任（分担比例为：中央 25%，省级政府 25%）。2007 年首批试点的省份选择了吉林、内蒙古、四川、江苏、湖南、新疆，试点期间，只对小麦、水稻、玉米、棉花和大豆五种农作物的保费给予补贴，以"低保障、广覆盖"的建设原则确定农业保险保障水平，基础保障金额原则上等于农作物生长期间内发生的所有物化成本。中央及地方政府保费补贴政策极大地促进了中国政策性农业保险的发展。

在随后的几年里，试点省份迅速扩大，中央财政补贴范围迅速扩大，中央财政补贴的保险标的种类不断增加，农业保险市场逐步建立起来并发展到前所未有的规模。到 2012 年，我国全部省份（除港澳台地区）都被纳入政策性农业保险试点范围，实现农业保险试点的全覆盖，中央财政补

---

① 2006 年，我国没有任何农业保险产品。

贴的保险标的也扩大到包含土豆、橡胶、生猪、奶牛等在内的 19 种。2010 年中央开始对不同省份、不同地区的农业保费施行差异化补贴方案（吴东立，2018）。根据 2009～2014 年的《中国保险年鉴》，从 2008 年开始，在全球农业保险保费规模排名中，中国稳居第二，仅次于美国并且两者之间差距也越来越小，到 2012 年，中国农业保险保费收入大约为 40 亿美元，约占美国保费收入的 1/3。在 2013 年中国保险市场保费收入为 52 亿美元，约占美国保费收入的 1/2，参保农户为 2.14 亿户次。2007～2013 年，我国政策性农业保险累计保费收入超过 1152 亿元，共投保农作物播种面积达到 9.35 亿亩，占全国播种面积的 56% 左右，为农户提供了 4.07 万亿元的风险保障，在粮食主产区粮油作物面积保险覆盖率达到 50% 以上，黑龙江、安徽等地甚至实现了 100% 的农业保险覆盖率。农业保险共计向 1.47 亿农户支付保险赔偿超过 744 亿元，户均赔偿 507 元，约相当于农户人均纯收入的 3.5%[①]。保险补偿已经成为农民灾后恢复生产和安定生活的重要资金来源之一。农业保险的发展对农业生产也起到积极的影响，农业风险管理作用得到初步发挥，逐渐成为现代农业发展的重要支撑力量，并且对农民生产行为也造成影响（庹国柱、王国军，2015）。

3.1.3 政策性农业保险正式确立阶段（2013 年至今）

2012 年农业保险实现了全国范围内覆盖（除了港澳台地区），并且取得不错成绩，但保险条例仍停留在试点层面，制度的发展还存在不确定性因素（庹国柱等，2012）。这一情况在 2012 年 11 月 12 日发生改变，中国国务院根据《中华人民共和国保险法》《中华人民共和国农业法》等法律规定，通过《农业保险条例》并宣布于 2013 年 3 月 1 日正式实施。该条例主要目的是"规范农业保险活动，保护农业保险活动当事人的合法权益，提高农业抗风险能力，促进农业保险事业健康发展"，该条例中明确

---

① 以 2018 年全国农村人均纯收入 14600 元为标准。

了中央及地方各级政府对政策性农业保险保费补贴责任，并且明确给予保险经营主体的税收优惠政策支持，鼓励金融机构加大对投保农业保险农户和农业生产经营组织的信贷支持力度。至此，我国现代政策性农业保险制度真正建立起来，并且也有了可持续发展的基本条件（陈文辉，2015）。政策性农业保险制度的正式建立，一方面，减少了政策不确定性。明确了政府的补贴责任，政策不确定性因素的减少，使得政策性农业保险进入了稳定发展期，参保农户和农业保险承包公司都有了稳定的心理预期，参保率和业务推广率不断上升，农业保险公司推出农业保险产品也开始逐渐多样化起来，相应的农业生产、农业风险应对培训也开始多了起来，农业保险制度进入稳定发展期。另一方面，由于农业保险的介入，缓解了农业生产风险对农业生产的冲击。农业生产风险的缓解降低了外部农业投资的风险，增加了其他产业投资农业的信心，极大促进了农业投资规模，农业生产规模化也有了基础。另外，农民在处理农业生产风险的过程中也多了一项正式的选择，这也增加了农户投资农业的信心，减少了撂荒、碎片化种植、放弃"边际土地"等不利于农业生产规模扩大的问题。

随后政策性农业保险制度进入快速发展阶段，2013 年 11 月党的十八届三中全会也明确提出了"完善的农业保险制度"，2014 年国务院印发《国务院关于加快发展现代保险服务业的若干意见》，明确提出"扩大农业保险覆盖面，提高农业保险保障程度，开展农产品目标价格保险试点""落实农业保险大灾风险准备金制度""完善对农业保险的财政补贴政策，加大对农业保险支持力度"。一系列文件的推出，也意味着我国正式进入农业保险稳定发展阶段，农业保险制度建设方向也从开始的过于注重覆盖范围的"注重数量"阶段，转向为强调保障程度的"注重质量"阶段，政策性农业保险成为农业支持保护政策体系中重要工具（吴东立，2018）。

总体而言，《农业保险条例》及后续补充政策的颁布及施行，明确了各级政府在农业保险政策指导、财政补贴、法治建设等方面的责任。当然，国外建设经验也表明，农业保险建设一定还会遇到新情况、新问题，但是随着政府管理经验的提升以及政府责任的明确，这些问题及情况都会被妥善解决，我国政策性农业保险建设也进入稳定发展期（黄英君，2011）。逐渐向好的发展前景及不断扩大的农业保险规模，也为政策性农业保险对中国农业生产行为影响的研究提供了丰富的数据资料。

3.2 中国政策性农业保险发展现状

农业保险制度沿革分析只能透露制度变化的简单信息，但目前我国农业保险发展究竟怎么样，还需要大量数据来支持。本节分别从发展总体规模及省际发展空间两个角度，用数据来展现我国政策性农业保险发展现状。

3.2.1 中国政策性农业保险发展规模

3.2.1.1 中国政策性农业保险保费收入和支出

根据 2007～2018 年的《中国社会统计年鉴》中的政策性农业保险保费收入和支出数据可以得到图 3.1。

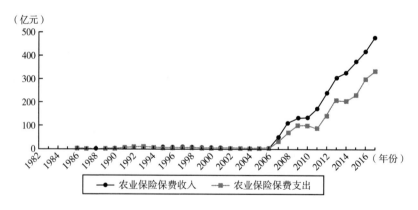

图 3.1 中国政策性农业保险保费收入和支出（1982～2017 年）

根据图 3.1 中国政策性农业保险保费收入和支出变化趋势可知，以2007 年为分界点可以将中国政策性农业保险发展规模分成两个阶段。

（1）前政策性农业保险试点阶段（1982～2006年）。政策性农业保险处于较低的发展水平，年平均保费收入仅为50404万元，保费支出53858万元。两项数值都不足5.4亿元，仅占财产性保费收入和支出的2.3%和3.4%，并且相对于2.03万亿的农业生产总值规模和2000多亿元自然灾害造成的损失而言，农业保险的补偿可谓是杯水车薪，完全起不到分散农业风险、补偿农业灾害损失的政策目的。尤其是1993年以后，政策性农业保险陷入衰退阶段，到2006年保费收入和支出仅为1993年的27%和21%，农业保险陷入困境。

（2）后政策性农业保险阶段（2007～2017年）。2007年以后政策性农业保险进入高速发展时期，年均增长20%，截止到2017年，我国政策性农业保险保费收入达到478.9亿元，保费支出达到333.4亿元，成为仅次于美国的全球第二大农业保险市场，对我国92%的农业生产总值提供了保险保障，为我国农业生产稳定发展提供了基础性保障。以农业保险为基础的农业保险风险管理体系逐步发挥其功能，并逐渐成为现代农业发展重要支撑（庹国柱，2015）。

3.2.1.2　净赔付率和总赔付率

根据以上数据，结合1983～2018年的《中国保险年鉴》相关数据，按照毛保险费20%的标准提取管理费用（陈文辉，2015），可得中国政策性农业保险的净赔付率和总赔付率，具体结果如图3.2所示。

根据国际惯例，保险项目净赔付率0.69为农业保险盈亏临界点，按此惯例仍然可以将中国政策性农业保险发展划分为两个阶段。

（1）前政策性农业保险试点阶段（1982～2006年）。这一阶段无论是净赔付率还是总赔付率波动幅度均非常大，并且绝大多数年份的净赔付率远高于0.69的水平，甚至部分年份一度超过1.7高值（1986年）。过高的净赔付率显然不利于农业保险制度可持续发展，并且对农业保险基金积累也非常不利，捉襟见肘的基金规模难以为大范围自然灾害提供有效补偿，导致受灾后农业生产难以短时间内得到恢复，自然也无法起到分担农

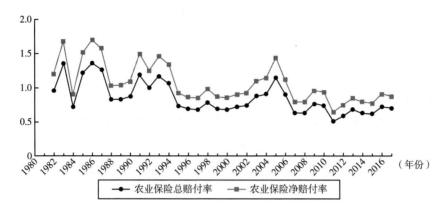

图 3.2 中国政策性农业保险净赔付率和总赔付率 (1982～2017 年)

业生产风险的作用。

（2）后政策性农业保险阶段（2007～2017 年）。新型政策性农业保险施行以来，农业保险净赔付率波动幅度出现明显降低趋势，并且均值仅为 0.66，低于 0.69 的枯荣标准。相对较低的赔付率意味着较高农业保险基金积累，基金的高积累规模可以有效地应对较大规模农业生产风险冲击，从而有利于农业生产的恢复。较低赔付率的原因，一方面源于不断扩张的农业保险规模，越来越多农户参与到农业保险项目中来；另一方面源于政府财政支持为保险基金规模增加提供了支撑。

3.2.1.3　承保农作物种植面积及防灾水平①

根据 2001～2018 年的《中国社会统计年鉴》《中国保险统计年鉴》《中国民政年鉴》中的相关数据可得承保农作物种植面积及风险保障程度（见图 3.3 和图 3.4）。

由图 3.3 和图 3.4 可以发现，无论是农作物承保面积还是防灾水平在 2007 年都出现了明显的分水岭。首先，2007 年后农作物承保面积不断扩大。数据显示，2007 年之前农作物承保面积一直维持在 0.05 亿亩的平均

---

① 防灾水平＝农业保险赔付额度/自然灾害造成直接经济损失。

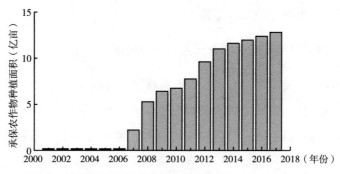

图 3.3 政策性农业保险承保农作物面积 (2000～2017 年)

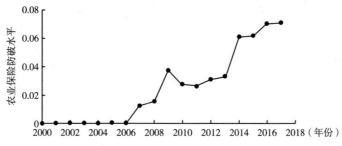

图 3.4 中国政策性农业保险的防灾水平 (2000～2017 年)

水平，仅占农作物播种面积 5% 不到，无法应对可能出现的农业生产风险冲击。但 2007 年之后，这一局面出现了明显的变化，随着政策性农业保险试点并最终形成规定制度以来，农作物播种承保面积持续扩大，截止到 2017 年，我国农作物承保面积接近 13 亿亩，占所有农作物播种面积的 60%（13/25），有力地承担了分散农业生产风险的责任。其次，政策性农业保险防灾水平也自 2007 年后上升幅度加快。2007 年之前政策性农业保险对于自然灾害没有承担其补偿损失的责任，在灾害发生概率没有出现明显波动的条件下，年平均防灾水平一直维持在 0.03% 的较低水平，较低赔付概率自然无法有效补偿农民灾后损失，农业保险制度几乎形同虚设。但是这一数据在 2007 年后出现明显改善，政策性农业保险防灾水平不断上升，截止到 2017 年其防灾水平最高达到 8.1%，显著高于 3.4% 的世界平均水平，较高的防灾水平为灾后农民恢复基本农业生产活动提供了资金支持，减少了农业风险对农业生产的冲击。另外，这也说明我国农业保险制度建设呈现积极向好的发展态势。

3.2.1.4　中国政策性农业保险深度与密度

保险深度和密度可以直观反映政策性农业保险保障范围和程度，也是各国衡量农业保险发展绝对水平和相对水平的重要指标（黄英君，2011）。这两项数值越高也就意味着保障程度越高，越有利于农民抵御自然灾害，可以减少农业生产风险造成的损失规模。按照农业保险深度①和农业保险密度②计算公式，结合相关统计数据可得图3.5。

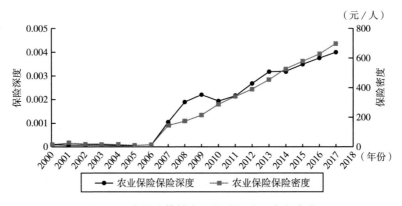

图 3.5　中国政策性农业保险保险深度和密度

图3.5显示，中国政策性农业保险深度和密度在2007年以后都呈现快速上涨趋势，尤其是2012年以后，这一上升趋势更加明显。到2017年，我国政策性农业保险深度和密度分别达到0.4%和700元/人，相对而言，世界农业保险深度和密度的平均水平仅为0.29%和85美元/人。相对较高的保险深度和密度也意味着我国政策性农业保险的保障程度较高，可以以更高的水平为农民农业生产行为提供有效保障。同时也意味着，我国农民对于政策性农业保险接受程度较高，越来越多的农户和农业生产投入政策性农业保险项目中，这就有利于形成规模效应，从而有利于农业保险

---

①　农业保险深度=农业保险保费收入/农业生产总值。
②　农业保险密度=农业保险保费收入/乡村农村人口数量。

基金积累，增强农民抵御农业风险的信心。

通过以上分析可发现，中国政策性农业保险无论是发展规模还是发展质量都处于一个上升的通道内，尤其是 2007 年以来发展速度明显加快。政策性农业保险"高质量、高速度"的发展特点，有效地缓解了农业生产风险对农业生产造成的冲击，为我国农业生产高速、稳定、健康发展奠定了坚实的金融基础。虽然我国政策性农业保险取得了非常大的成绩，但是与以美国为代表的发达国家农业保险仍存在较大差距，尤其是在保障程度、保险密度、保险深度以及保险产品种类等方面。提升政策性农业保险发展质量，为农业高质量发展提供支撑也是我国未来政策性农业保险制度建设方向。

3.2.2　中国省际政策性农业保险空间分布及变化

3.2.2.1　中国政策性农业保险省际空间变化

政策性农业保险向着积极的方向发展并不是一蹴而就的，而是经历了6 年漫长的试点阶段。2007 年，国务院提出明确中央和地方政府财政补贴责任，同年，财政部将农业保险保费补贴列为中央财政预算科目之后，选取吉林省、内蒙古自治区、四川省、江苏省、湖南省以及新疆维吾尔自治区六个省份作为政策性农业保险第一批试点单位。首批政策性农业保险试点达到预期后，国务院按照省份自主申请的方式和逐步推广的策略展开政策性农业保险试点。根据《中央财政农业保险试点管理办法》以及 2007 ~ 2012 年度相关通知，结合张小东（2015）对政策性农业保险补贴试点省份的总结，本书归纳的我国政策性农业保险省际试点进程如表 3.1 所示。

表 3.1　　　　　　　　　　政策农业保险试点进程

年份	试点省份
2006	无试点
2007	试点：吉林、内蒙古、江苏、湖南、四川、新疆
2008	新增试点：河北、辽宁、黑龙江、安徽、山东、河南、湖北、浙江、福建、海南（新增 10 省份）

年份	试点省份
2009	新增试点：江西（新增一省）
2010	新增试点：山西、广东、云南、甘肃、青海、宁夏（新增5省份）
2011	新增试点：广西、贵州、西藏、陕西、重庆（新增5省份）
2012	新增试点：北京、上海、天津（全国覆盖）

注：香港特别行政区、澳门特别行政区、台湾地区未纳入试点范围。西藏自治区因数据缺失过多，未纳入本书分析范围。

资料来源：张小东，孙蓉. 农业保险对农民收入影响的区域差异分析——基于面板数据聚类分析 [J]. 保险研究，2015（6）：62 – 71.

根据表3.1可知，2012年底，我国实现了全国范围内政策性农业保险的全覆盖，除港澳台地区以外的省、自治区和直辖市都纳入了政策性农业保险的试点范围。同年，国务院提案《农业保险条例》获得通过，并于2013年3月1日正式实施，中央政府及地方政府对于政策性农业保险补贴责任正式确立，我国政策性农业保险进入了新的发展阶段。

3.2.2.2 中国省际政策性农业保险保费收入及支出规模

为了分析和讨论省际政策性农业保险发展规模及变化情况，本书根据历年的《中国统计年鉴》《中国农村统计年鉴》《中国保险统计年鉴》的数据，经过整理，得到各省及地区农业保险保费收入（见表3.2）及支出状况（见表3.3）。

表3.2　　省际政策性农业保险保费收入（2007～2017年）　　单位：百万元

地区	省份	2007年	2009年	2011年	2013年	2015年	2017年
东北	辽宁	9.51	582.15	546.46	1001.64	1224.37	1564.02
	吉林	688.53	589.96	800.68	926.94	1133.06	1447.38
	黑龙江	333.47	1287.95	1640.59	2823.96	3451.92	4409.50
北部沿海	北京	75.35	338.44	430.8	558.06	682.15	871.39
	天津	5.36	30.73	54.72	165.48	202.28	258.39
	河北	103.51	556.51	760.47	1682.9	2057.12	2627.78

续表

地区	省份	2007 年	2009 年	2011 年	2013 年	2015 年	2017 年
东部沿海	山东	87.45	384.24	283.27	933.71	1141.34	1457.95
	上海	150.83	215.51	568.51	511.19	624.86	798.20
	江苏	7.05	508.83	889.71	1572.6	1922.29	2455.55
	浙江	69.84	176.72	233.51	524.59	641.24	819.13
南部沿海	福建	53.6	124.17	242.67	358.68	438.44	560.06
	广东	53.2	108.46	190.09	651.65	796.56	1017.53
	海南	10.84	67.53	96.76	299.04	365.54	466.94
黄河中游	山西	29.88	41.44	259.26	472.72	577.84	738.13
	内蒙古	0	1407.73	1700.13	2784.19	3403.30	4347.40
	河南	68.2	530.24	428.12	1546.61	1890.53	2414.97
	陕西	68.19	124.06	165.8	539.47	659.43	842.36
长江中游	安徽	53.42	997.52	1383.15	1866.21	2281.19	2914.01
	江西	57.9	200.87	490.92	661.93	809.12	1033.58
	湖北	105.01	513.59	535.99	689.04	842.26	1075.91
	湖南	753.78	1192.33	1358.67	1746.68	2135.08	2727.37
	广西	27.16	131.05	83.14	276.4	337.86	431.59
西南	重庆	10.09	96.03	154.33	264.73	323.60	413.37
	四川	725.02	816.9	1762.59	2733.93	3341.87	4268.93
	贵州	70.54	54.97	21.19	161.93	197.94	252.85
	云南	166.62	314.32	605.48	1030.53	1259.69	1609.13
大西北	甘肃	41.3	38.01	165.8	573.01	700.43	894.73
	青海	10.15	8.79	69.44	125.07	152.88	195.29
	宁夏	6.4	8.79	67.18	240.15	293.55	374.98
	新疆	756.9	1429.7	1523.6	2629.51	3214.23	4105.88

　　注：此处借鉴国务院发展研究中心八大经济区域划分的标准，将全国（西藏、香港、澳门和台湾因资料缺失没有纳入本书研究范围）划分为东北、北部沿海、东部沿海、南部沿海、黄河中游、长江中游、西南以及大西北八大区域。

表 3.3　　　省际政策性农业保险保费支出（2007～2017 年）　　单位：百万元

地区	省份	2007 年	2009 年	2011 年	2013 年	2015 年	2017 年
东北	辽宁	9.51	582.15	546.46	1001.64	1112.56	1590.96
	吉林	688.53	589.96	800.68	926.94	1029.59	1472.31
	黑龙江	333.47	1287.95	1640.59	2823.96	3136.68	4485.45
北部沿海	北京	75.35	338.44	430.8	558.06	619.86	886.40
	天津	5.36	30.73	54.72	165.48	183.80	262.84
	河北	103.51	556.51	760.47	1682.9	1869.26	2673.04
东部沿海	山东	87.45	384.24	283.27	933.71	1037.11	1483.06
	上海	150.83	215.51	568.51	511.19	567.80	811.95
	江苏	7.05	508.83	889.71	1572.6	1746.75	2497.85
	浙江	69.84	176.72	233.51	524.59	582.68	833.24
南部沿海	福建	53.6	124.17	242.67	358.68	398.40	569.71
	广东	53.2	108.46	190.09	651.65	723.81	1035.05
	海南	10.84	67.53	96.76	299.04	332.16	474.98
黄河中游	山西	29.88	41.44	259.26	472.72	525.07	750.85
	内蒙古	0	1407.73	1700.13	2784.19	3092.51	4422.28
	河南	68.2	530.24	428.12	1546.61	1717.88	2456.57
	陕西	68.19	124.06	165.8	539.47	599.21	856.87
长江中游	安徽	53.42	997.52	1383.15	1866.21	2072.87	2964.20
	江西	57.9	200.87	490.92	661.93	735.23	1051.38
	湖北	105.01	513.59	535.99	689.04	765.34	1094.44
	湖南	753.78	1192.33	1358.67	1746.68	1940.10	2774.35
	广西	27.16	131.05	83.14	276.4	307.01	439.02
西南	重庆	10.09	96.03	154.33	264.73	294.05	420.49
	四川	725.02	816.9	1762.59	2733.93	3036.68	4342.45
	贵州	70.54	54.97	21.19	161.93	179.86	257.20
	云南	166.62	314.32	605.48	1030.53	1144.65	1636.85
大西北	甘肃	41.3	38.01	165.8	573.01	636.46	903.14
	青海	10.15	8.79	69.44	125.07	138.92	128.66
	宁夏	6.4	8.79	67.18	240.15	266.74	311.44
	新疆	756.9	1429.7	1523.6	2629.51	2920.70	4076.60

　　注：此处借鉴国务院发展研究中心八大经济区域划分的标准，将全国（西藏、香港、澳门和台湾因资料缺失没有纳入本书研究范围）划分为东北、北部沿海、东部沿海、南部沿海、黄河中游、长江中游、西南以及大西北八大区域。

从表 3.2 和表 3.3 中相关数据可以发现，2007~2017 年各省份政策性农业保险保费收入和支出都保持较为稳定的增长趋势。随着试点范围的扩大，进入试点后的省份无论是保费收入还是保费支出都有明显上升趋势，这也意味着农业保险开始发挥补偿农业损失的作用。从平均水平上来看，考察期间保费收入的平均增长幅度达到 15.3%，保费支出的平均增长幅度达到 20.1%。从各省份保费收入和支出空间分布上来看，不同地区数据有非常明显的差异，东北地区、黄河中游、长江中游、西南地区以及大西北地区保费收入和支出都明显高于其他三个地区，以 2017 年为例，这五个地区保费收入约占全国保费总收入的 73%，保费支出占总支出的 67%。其中，黑龙江、江苏、内蒙古、河南、安徽、湖南、四川、云南以及新疆9 个省份的农业保险保费收入遥遥领先，而青海、宁夏、广西、重庆等地保费收入和支出规模都较小，省际差距比较大。农业发展水平较低，无法为政策性农业保险提供充足的保险标的物，可能是造成区间农业保险发展出现较大差异的原因。

3.2.2.3　中国省际政策性农业保险深度与密度

保险深度和保险密度是反映保险项目保障程度常用指标。根据农业保险深度和密度计算公式，结合历年的《中国统计年鉴》《中国农村统计年鉴》《中国保险统计年鉴》中的相关数据，可得不同年份保险深度（见图 3.6）和保险密度（见图 3.7）。

根据图 3.6 及图 3.7 可以发现，各省份农业保险深度和密度在考察期内都有显著的增长，但是也可以发现各省份之间仍有非常大的差距。首先，考察期内农业保险深度和密度平均增长分别达到 113% 和 308%。尤其是内蒙古、上海、北京、四川、新疆、湖南等省份的保险深度和密度增长幅度最大。这也意味着政策性农业保险对于农业生产行为的保障程度越来越高，即，政策性农业保险分担农业生产风险的作用越来越明显。其次，各省份之间保险深度和密度呈现显著差距。2017 年，农业保险深度

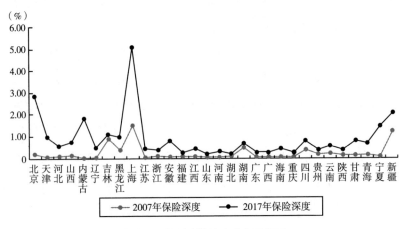

图 3.6　省际政策性农业保险深度

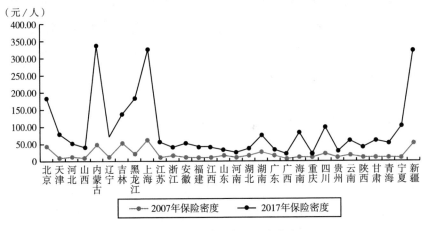

图 3.7　省际政策性农业保险密度

最高省份和最低省份分别为上海（5.01%）和山东（0.1%），最高值是最低值的 50 倍，而保险密度最低省份（广西，20.37 元/人）与最高省份（内蒙古，336 元/人）相差 17 倍。在 2007 年，保险深度和密度最高省份和最低省份差距仅相差 14 倍和 6 倍。虽然农业保险发展处于快速增长的通道内，但是省际保险发展水平差异也不断地被拉大，过大差异不利于省际农业保险与农村经济发展协同发展。

3.3　本章小结

本章对中国政策性农业保险制度变迁进行了梳理，并对政策性农业保险发展现状进行了总结，这为后续实证和理论研究奠定了制度和数理基础。

首先，本章总结了政策性农业保险制度的变迁。按照时间的先后顺序，中国政策性农业保险发展历程可划分为三个阶段：前政策性农业保险阶段；政策性农业保险试点阶段；政策性农业保险正式确立阶段。第一阶段由于政府缺位的原因，农业风险的特征决定了仅依靠市场力量难以为农民提供有效的保障，农业保险市场无法实现为农民分担较大生产风险的功能。所以虽经历多次改革，农业保险项目却一直处于不断萎缩状态。第二阶段，中国政府吸取了 2007 年以前农业保险的经验教训，明确了政府在农业保险市场的财政补贴责任。政府的介入有效逆转了农业保险市场不断萎缩的局面，政策性农业保险新政策在各省份逐步铺开。第三阶段以《农业保险条例》正式实施为标志，以法律的形式明确了政府财政补贴责任，政策性农业保险进入稳定发展期。

其次，本章总结了政策性农业保险发展现状。无论是从全国视角还是省际视角都可以发现，2007 年以后，我国政策性农业保险发展速度显著提升，无论是保费规模、保障范围还是保障水平都出现了显著提升，理论上提升了农业保险抵御生产风险冲击的能力。

以上制度演进及发展现状也说明，部分已有研究将 2007 年前后农业保险视为同一研究主体，然后进行实证分析，就可能会出现低估农业保险对农业生产造成的影响。并且，省际农业保险发展规模、保障水平、保险深度和密度等数据差距非常大，如果忽视这一重要现实前提，实证分析也可能无法得到准确的估计结果，由此得到的政策建议也会与实际脱轨。因此，本章的分析也为后续理论分析和实证分析奠定了理论和数据基础。

第 4 章

政策性农业保险对农业生产
影响的机理分析

恰当的影响机理分析不仅可以帮助我们澄清因果关系的传导机制，而且还可以有效地澄清实证研究的目的和意义，所以影响机理分析对于一个合格的实证研究来说是必不可少（张俊富，2019）。基于此，在实证分析前，本章首先分析政策性农业保险对农业生产的影响机理，从而为后续实证分析奠定理论基础。根据前文对农业生产行为的界定，农业生产可以分为四个主要环节——农作物选择行为、农业生产要素投入行为、农业产出数量及农业生产效率水平。本书的机理分析也遵循这一逻辑展开，具体从农作物多样化选择行为、农用化学生产要素投入行为、农用粮食产量及农业生产效率水平四个角度，勾勒出政策性农业保险对整个农业生产过程的影响。选择这四个角度的主要原因有二：首先，农作物成熟前的农业生产行为中，农业生产要素投入大致包括：劳动时间；农用机械；耕地；技术；农作物选择；化肥、农药、复合肥等农用化学要素。其中，劳动时间衡量比较困难，农用机械因家庭人均耕地面积较少而投入较少，并且耕地无法人为扩展。所以选择农用化学要素及农作物选择这两个可以人为控制且变动空间大的要素作为研究对象。其次，农作物成熟后，农作物产量及产出效率对于农业生产的稳定和发展非常重要。所以，本书选择这四个角度分别进行研究。

4.1 政策性农业保险对种植专业化行为影响的机理分析

基于期望效应最大化理论，本部分着重从理论上探讨政策性农业保险对农民生产行为的影响。在相关研究（Eeckhoudt，Meyer and Ormiston，1997；Hennessy，1998；Jisang Yu，2015，2016）的分析框架下，结合修正过的投资组合模型（portfolio choice model），假定经济中有一个代表性农户，该农户有一定农业资本可以用于下一期的农业生产。假定没有信贷市场可供农户利用自己信用进行借贷，并将其农业资本直接用于农业生产投资的条件下，K_0 为农户前期可以用于投资的总资本。可供选择的有两个方向为：专业化投资 K_s，即专业化农作物种植，其回报率为 s；多样化投资 K_d，即多样化种植，其回报率为 d。其中，专业化投资回报率大于多样化的投资回报率，即 $s > d$，多样化投资风险相应也小于专业化风险。为了分散自己的生产风险，农户可以为高风险专业化生产购置农业保险，每单位 K_s 购置的保险为 θ，当出现影响专业化农业生产的事件时，可以获得 $I(s)$ 赔偿金，购买农业保险需要支付相应的保险费 $\pi = E[I(s)]$。在这种条件下，厌恶风险的农民可以选择两种不同的生产方式，来取得期望效应的最大值，其中效用函数为：$U = E[u(\cdot)]$，这里 $u(\cdot)$ 函数为递增的严格凹函数，则最优化方程如下：

$$\max_{K_s,\theta} U(K_s,\theta) = Eu[x(K_s,\theta)] \tag{4.1}$$
$$\text{s. t. } (1 + \theta\pi)K_s - K_0 \leqslant 0$$
$$-\theta \leqslant 0$$

其中，$x(K_s,\theta) = d[K_0 - (1 + \theta\pi)K_s] + [r + \theta I(s)]K_s$。

一阶条件如下：

$$U_{K_s} = Eu'(x)\{s - d + \theta[I(s) - d\pi]\} - \lambda(1 + \theta\pi) \tag{4.2}$$

$$U_\theta = Eu'(x)[I(s) - d\pi]K_s - \lambda K_s \pi + \mu \qquad (4.3)$$

$$\lambda[(1 + \theta\pi)K_s - K_0] \leqslant 0$$

λ 和 μ 为拉格朗日系数，若实现效用最大化，就需要满足 $U_{K_s} = 0$ 和 $U_\theta = 0$ 两个条件。对于接下来的分析，$U_{K_s\theta}$ 的符号非常重要，根据阿罗－普拉特（Arrow-Pratt）的风险规避度量理论，可以将 $U_{K_s\theta}$ 改写为：

$$U_{K,\theta} = -E[R_{(a)}(x)u'(x)(I - d\pi)(s - d)] \qquad (4.4)$$

其中，$R_{(a)}(x) = -\dfrac{u''(x)}{u'(x)}$，为阿罗－普拉特绝对风险规避程度系数。对于不变风险规避者（CARA）和递减风险规避者（DARA）而言，式（4.4）可以被写成：

$$U_{K,\theta} = \int_0^{d\pi} u'(x)(I - d\pi)R_a(x)(d - s)\mathrm{d}F[I(s)]$$
$$+ \int_{d\pi}^{I_h} u'(x)(I - d\pi)R_a(x)(d - s)\mathrm{d}F[I(s)]$$

因为 $I_h = I(0)$，那么在一阶条件下：

$$\int_0^{d\pi} u'(x)(I - d\pi)\mathrm{d}F[I(s)] + \int_{d\pi}^{I_h} u'(x)(I - d\pi)\mathrm{d}F[I(s)] = 0, \forall r_1, r_2$$

所以，

$$R_a(x\mid_{s_1})(d - s_1) < R_a(x\mid_{s_2})(d - s_2)$$

其中，r_1 满足 $I(r) \in [0, d\pi)$，r_2 需要满足 $I(r) \in [d\pi, I_h]$，则意味着 $U_{K_s\theta} > 0$。

相关研究（Goodwin，1993；Goodwin，Vandeveer & Deal，2004；O'Donoghue，2014）实证分析得出，政策性农业保险补贴政策的实施显著提升农民对农业保险的需求，在农民对农业保险需求及实际购买增加的条件下，基于隐函数的相关理论，即可得出增加保险购买对生产方式的影响如下：

$$\frac{\partial K_s}{\partial \theta} = -\frac{U_{K_s\theta}}{U_{K_sK_s}}$$

根据上面可知 $U_{K,\theta} > 0$，$U_{K_sK_s} < 0$，则购买保险需求和农民在专业化方向的投资呈正相关关系（$\partial K_s/\partial\theta > 0$）。政策性农业保险的推行，推动了农民对农业保险的购买数量，同时也提高了农民在相对高风险的专业化生产方向的投资。相对应的是，当购买的保险减少，则势必减少专业化生产的投资，农民转而选择种植多样化这种自我保险的生产方式。

根据以上分析，可得到以下研究假设：

假设4-1：政策性农业保险的推行，增加了农民对农业保险的购买数量。

假设4-2：政策性农业保险的推行，提高了农民在相对高风险的专业化生产方向的投资。

4.2 政策性农业保险对农业农用化学品投入行为影响的机理分析

本小节以期望效用理论为基础，借鉴相关文献（Horowitz et al，1993；Babcok et al，1996；Quiggin，1992；Ramaswami，1993；张弛，2017）的研究框架，建立不确定条件下农户生产方程，设定以下基础生产方程：

$$y = f_k(x) \tag{4.5}$$

其中，y 是农户农业产出，k 代表自然因素，x 代表要素投入数量，当然也包括本书的研究对象——农药和化肥施用量。

（1）未参加农业保险，农户的目标生产函数为：

$$\max E\pi = \sum [pf(x)P_k] - rx \tag{4.6}$$

其中，π 为农户预期利润，p 为农业产出品价格，P_k 为农用生产风险发生概率，设发生风险的概率为 P_1，未发生风险的概率为 P_2。则，发生风险时农户生产方程为 $f_1(x)$，未发生风险时的方程为 $f_2(x)$。若要达到预期利润最大化，需要满足以下均衡条件：

$$E\left(\frac{\partial \pi}{\partial x}\right) = E\left[p\frac{\partial f_1(x)}{\partial x}P_1 + p\frac{\partial f_2(x)}{\partial x}P_2 - r\right] = 0 \qquad (4.7)$$

（2）农民参与农业保险。我国农业保险合同中以农作物产量为作为理赔依据，设定保险临界赔偿产量为 y^*，设定农业保险保费为 c。当农户生产产量低于临界赔付产量时，农户可以获得农业保险公司的赔付 $\delta(y^* - y)$，其中 δ 为保险公司赔付率，其取值范围为 $[0, 1]$；农用生产要素的价格为 r。因此，农业保险介入农业生产时，农户预期收入可以刻画为：

$$\pi^* = \begin{cases} pf_1(x) + \delta[y^* - f_1(x)] - c - rx, & y < y^* \\ pf_2(x) - c - rx, & y \geqslant y^* \end{cases} \qquad (4.8)$$

那么，其边际利润可以写成：

$$\frac{\partial \pi^*}{\partial x} = \begin{cases} p\partial f_1(x)/\partial x - \delta\partial f_1(x)/\partial x - r, & y < y^* \\ p\partial f_2(x)/\partial x - r, & y > y^* \end{cases} \qquad (4.9)$$

其中，农业生产环境的分布 $f(k)$ 和农用生产资料 x 共同决定农业产出水平，记为 $h(y)$，也可以理解为农业生产风险发生的概率。因此，农业保险介入农业生产时，农户收入效用实现生产目标最大化的均衡条件为[①]：

$$\max E\pi^* = E\{pP_1f_1(x) + \delta P_1[y^* - f_1(x)] + pP_2f_2(x) - c - rx\} = 0 \qquad (4.10)$$

那么对式（4.10）求 x 的偏导数可得：

$$E\left(\frac{\partial \pi^*}{\partial x}\right) = E\left[\frac{pP_2\partial f_1(x)}{\partial x} + \frac{pP_1\partial f_2(x)}{\partial x} - \delta\frac{P_1\partial f_2(x)}{\partial x} - r\right] \qquad (4.11)$$

---

① 为了方便理论分析，假设不存在以下两种情况：没有发生风险却得到理赔情形；发生风险却没有得到理赔情形。

根据相关研究（Quiggin，1992），农业生产要素的使用对农业生产风险的影响可以分为两种不同类型：一种是风险减少型（risk reducing）生产要素。也即，投入该要素时会导致发生灾害时边际的产量高于未发生灾害时的边际产量，即 $\partial f_1(x)/\partial x \geqslant \partial f_2(x)/\partial x$。另一种是风险增加型（risk increasing）生产要素。即，要素的投入导致发生灾害的边际产量低于未发生灾害时边际产量，则意味着边际产量满足以下条件，$\partial f_1(x)/\partial x \leqslant \partial f_2(x)/\partial x$。当生产要素满足风险增加型条件时，并且 $\partial f_1(x)/\partial x \leqslant 0$，则该生产要素属于强风险增加型。

那么对强风险增加型的投入要素而言，因为 δ 大于 0，所以

$$E(\partial \pi^*/\partial x) \geqslant E(\partial \pi/\partial x) \tag{4.12}$$

对于风险减少类型的农用投入要素而言，

$$E(\partial \pi^*/\partial x) < E(\partial \pi/\partial x) \tag{4.13}$$

通过以上的模型推导可以发现，对于参保农户而言，参保行为会通过影响其预期收益的方式来改变其生产要素投入行为。具体到农药和化肥这两种重要的农户化学药品，根据相关研究（Horowitz et al，1993；Goodwin et al，1998；张驰，2017；甘艳露，2014），化肥使用可以明显提升农民预期产量，而且在发生自然风险的条件下，施用化肥地块的产量明显要高于未施用化肥或者少施用化肥地块的产量，这就表明化肥属于典型风险减少型生产要素；相对而言，农药显然无法提升农民的预期产量，农药施用只有在特定条件下，如农作物发生病虫害，才只会降低风险损失规模，不会增加预期产量，有研究认为农药更偏向于风险增加型要素（Walters C G，2012），但是农药使用是否是强风险增加型目前没有得到足够的证据支持。

根据以上分析，可以得到以下研究假设：

假设4-3：在控制其他因素的条件下，农业保险参保行为促使农户减少化肥施用数量。

假设4-4：在控制其他因素的条件下，农业保险参保行为对于农药施用量的影响方向并不确定。

4.3　政策性农业保险对粮食产量影响的机理分析

根据相关研究（Stokey，Lucas and Prescott，1989；Xu and Liao，2013）的分析框架，首先构建以大量农户为主体的效用方程：

$$U = \sum_{t=1}^{\infty} \beta^t u(c_t) \tag{4.14}$$

其中，C_t 代表 t 时期农户消耗量，β^t 代表 t 时期效用贴现因子。并且 $u(\cdot)$ 为凸函数，即 $u'(c) > 0$ 和 $u''(c) < 0$，并且假定 $\lim_{c \to 0} u'(c) = \infty$，$\lim_{c \to \infty} u'(c) = 0$。同时设定生产方程 $y = f(k)$，其中 k 为农户的农业资本投入，包括固定资产投入，例如农业机械，还包括可变资产投入，例如种子、化肥等。并假定方程 $f(0) = 0$ 而且符合凸函数特征和 Inada 假定。那么，最优的资源配置就是达到农户效用最大值，即满足以下条件：

$$\max_{k_t} \left[\sum_{t=1}^{\infty} \beta^t u(c_t) \right] \tag{4.15}$$

其预算约束条件为：

$$(1-d)k_{t-1} + f(k_{t-1}) = c_t + k_t; \ t = 1,2,3\cdots$$

若达到农户效用最大，也即实现了以下条件：

$$f'(k^{rf}) = \frac{1-(1-d)\beta}{\beta} \tag{4.16}$$

其中，k^{rf} 为稳定状态（效用最大化）条件下资本的投入数量，也就是理想状态下达到效用最大化的资本投入水平。并且达到稳定状态时，农户的消费水平为：

$$c^{rf} = f(k^{rf}) - dk^{rf} \tag{4.17}$$

　（1）存在农业生产风险时。按照阿桑等（Ahsan et al，1982）的研究框架，当农业生产风险因素引入方程后，农业生产过程需要承担一定损失。当农业生产损失概率确定时，假定损失的概率为 EX，假定该值在整个农业生产周期内为定值，且 $XE \in [0, 1]$，则生产约束条件就变成了：

$$(1 - d)k_{t-1} + (1 - EX)f(k_{t-1}) = c_t + k_t;\ t = 1,2,3\cdots$$

那么，在目标函数不变的条件下，效用函数达到最大则需满足：

$$f'(k^{f}) = \frac{1 - (1 - d)\beta}{\beta - \beta EX} \tag{4.18}$$

此时，农户达到效用最大时的消费数量为：$c^{f} = (1 - EX)f(k^{f}) - dk^{f}$。

若损失概率不确定，则以上 XE 定额损失概率变成 X，且为随机概率，当然也满足整个农业生产过程内不会出现变化条件，且符合 $X \in [0, 1]$，且设定每年的 X 都相同，在目标函数不变的条件下，其约束条件为：

$$(1 - d)k_{t-1} + (1 - X)f(k_{t-1}) = c_t + k_t;\ t = 1,2,3\cdots$$

那么，效用函数达到最大时需要满足的条件是：

$$f'(k^{r}) = \frac{1 - (1 - d)\beta}{\beta - \beta E[Xu'(c^{r})]/E[u'(c^{r})]} \tag{4.19}$$

（2）当农业保险介入生产模型时。当农业保险引入生产模型时，假定 λ_t 代表农业生产的参保比例。$Xf(k_{t-1})$ 为上期损失，则上期受到保险覆盖的风险损失为 $\lambda_{t-1}Xf(k_{t-1})$。假定参加农业保险保费是根据期望损失概率进行支付的，则在 t 时期，需要支付的保费为 $(1 + \theta)f(k_t)EX$，其中 θ 为农业保险的风险边际水平①。在保持目标函数不变的条件下，其预算约束条件如下：

$$(1 - d)k_{t-1} + (1 - X)f(k_{t-1}) + \lambda_{t-1}Xf(k_{t-1})$$
$$= c_t + k_t + \lambda_t(1 + \theta)f(k_t)EX;\ t = 1,2,3\cdots$$

---

① 风险边际水平就是实际结果与最佳估计值相比的偏差风险的一个数值，象征了风险度量的大小。

那么，要达到农户最大效用，最优的要素投入水平需满足：

$$f'(k^{ri}) = \frac{1 - (1-d)\beta}{\beta - (1+\theta)EX}$$

其中，$(1+\theta)EX = \beta\dfrac{E[Xu'(c^{ri})]}{E[u'(c^{ri})]}$。

（3）农业生产风险对农业产出的影响。通过对比无风险状态均衡产出水平和存在农业生产风险均衡产出水平，可得：

$$f'(k^r) - f'(k^{rf}) = \frac{1 - (1-d)\beta}{\beta - \beta\dfrac{E[Xu'(c^r)]}{E[u'(c^r)]}} - \frac{1 - (1-d)\beta}{\beta - \beta EX} \qquad (4.20)$$

使用 Taylor 展开式可得：

$$u'(c^r) = u[(1-X)f(k^r) - dk^r]$$

并且忽略高次项，可得：

$$\begin{aligned}
u'(c^r) &= u[(1-X)f(k^r) - dk^r] \\
&= u'[f(k^r) - dk^r - Xf(k^r)] \\
&= u'[f(k^r) - dk^r] - Xf(k^r)u''[f(k^r) - dk^r]
\end{aligned}$$

则：

$$E[u'(c^r)] = u'[f(k^r) - dk^r] - f(k^r)u''[f(k^r) - dk^r]EX$$

$$E[Xu'(c^r)] = u'[f(k^r) - dk^r]EX - f(k^r)u''[f(k^r) - dk^r]EX^2$$

那么

$$\begin{aligned}
\frac{E[Xu'(c^r)]}{E[u'(c^r)]} - EX &= \frac{u'[f(k^r) - dk^r]EX - f(k^r)u''[f(k^r) - dk^r]EX^2}{u'[f(k^r) - dk^r] - f(k^r)u''[f(k^r) - dk^r]EX} - EX \\
&= \frac{-f(k^r)u''[f(k^r) - dk^r]EX^2 + f(k^r)u''[f(k^r) - dk^r](EX)^2}{u'[f(k^r) - dk^r] - f(k^r)u^n[f(k^r) - dk^r]EX} \\
&= -\frac{f(k^r)u''[f(k^r) - dk^r]\mathrm{Var}(X)}{E[u'(c^r)]} > 0
\end{aligned}$$

所以，$\dfrac{E[Xu'(c')]}{E[u'(c')]} > EX$，那么

$$\frac{1-(1-d)\beta}{\beta-\beta\dfrac{E[Xu'(c')]}{E[u'(c')]}} > \frac{1-(1-d)\beta}{\beta-\beta EX} \tag{4.21}$$

所以，$f'(k') > f'(k^{rf})$，同时因为 $f''(\cdot) < 0$，所以，$k' < k^{rf}$。以上的分析也就意味着：没有农业保险介入农业生产时，农户倾向于减少资本投入来应对可能发生的农业生产风险，从而减少可能的农业生产损失，但较少生产投入显然不利于农村经济的发展。

（4）当农业保险介入农业生产风险管理时。对比农业生产均衡模型和农业保险介入时均衡模型可得：

$$f'(k') - f'(k^{ri}) = \frac{1-(1-d)\beta}{\beta-\beta\dfrac{E[Xu'(c')]}{E[u'(c')]}} - \frac{1-(1-d)\beta}{\beta-(1+\theta)EX}$$

根据上一节的结论可知：$\dfrac{E[Xu'(c')]}{E[u'(c')]} > EX$，那么两者均衡产出的差异取决于 β 和 $(1+\theta)$ 的大小。因为，θ 和 β 取值范围均为 $[0,1]$，那么，$\beta < 1+\theta$，所以：

$$f'(k') - f'(k^{ri}) = \frac{1-(1-d)\beta}{\beta-\beta\dfrac{E[Xu'(c')]}{E[u'(c')]}} - \frac{1-(1-d)\beta}{\beta-(1+\theta)EX} > 0$$

$$\tag{4.22}$$

所以，$f'(k') > f'(k^{ri})$，因为 $f''(\cdot) < 0$ 并且 $f'(k) > 0$，所以 $k' < k^{ri}$，并且 $f(k') < f(k^{ri})$。这也就说明，当农业保险介入农业生产过程中后，农户可以通过购买农业保险的方式将部分农业生产风险转让至农业保险公司，这样农户就更愿意增加农业资本的投入，并且会带来农业产出水平增加。这也就形成了本书以下研究假设：

假设 4-5：在其他因素都被固定的条件下，政策性农业保险的引入有

助于农业生产产出的增加。

假设4-6：政策性农业保险的引入有助于农业生产产出的增加，主要是通过增加要素投入这个机制来实现。

4.4　政策性农业保险对农业生产效率影响的机理分析

通过对相关文献的梳理，笔者认为，政策性农业保险可能对农业生产效率产生两个相反方向的影响，相应的机理分析也是从这两个角度展开。

（1）政策性农业保险有助于提升农业生产效率。一方面，政策性农业保险分担农业生产风险，降低"高风险、高回报"农业生产方式损失概率。首先，风险分担有助于农民增加农业生产投资。在农业保险政策实施之前，农民独立承担农业生产风险带来的损失，农业投资额度越高其风险损失规模就会越大，作为理性经济人的农户自然不会增加生产投入，也不会带来农业生产效率的提升。但农业保险政策实施后，保险公司及其他参保农户共同分担了该农户农业生产风险，这也意味着前期具有"高风险"特征的增加农业投资行为就变得可以被部分风险厌恶和风险中性的农户所接受，投资规模的扩大显然有利于整体产出水平提升。相关文献（Hazell，1992；Torkamani，1998；张跃华，2007；庚国柱、李军，2003）从理论上也都证明了以上的逻辑关系，本书第6章内容也将证实这一点。其次，农业生产风险的分担有助于农民选择"专业化"种植方式。在不存在农业保险分担风险的条件下，为了应对农业生产风险冲击，农民往往会选择"多样化""小而全"的生产方式，虽然这种生产方式可以帮助农民抵御农业生产风险的冲击，但这会增加农业生产的"碎片化"问题，农业生产规模难以提升，导致规模效应难以发挥，最终不利于资源的合理分配置和生产效率的提升（卢华，2014；付小鹏，2017；Jisang Yu，2015，2016），这自然也不利于农业生产效率的提升。但在引入政策性农业保险的条件下，农民"专业化"生产方式所带来的高风险被保险公司和所有参保人分担。在农业生产收益不变的条件下，具有理性经济人特征的农民就更愿意选择农业生产方式，进而带来较高的农业生产效率。最后，政策性农业保险分担农业生产风险，有助于农民选择新技术和机械化。在没有农业保险保障的条件下，厌恶风险和中性风险的农民为了降低未知的生产风险和环境风险，减少未知风险所造成的生产损失，很大概率会沿用相对保守的农业技术以及较低水平的自动化机械，但是当农业保险引入后，农业生产风险被分担，即使是厌恶风险的农业生产个体，当风险分担比例达到一定程度时，他们也可能会加快新技术、自动化机械引入进程，这显然有助于农业生产效率的提升（Orden，2001）；更进一步，农业保险可以降低农业生产波动，可以为下一期农业生产积累资本，从而降低农民对新技术、自动化机械所产生的生产风险的敏感程度（曹卫芳，2013）。

另一方面，政策性农业保险可以为受灾地区农业生产恢复提供支持。农业保险核心功能就是保险公司对参保农户在受到农业生产风险冲击时，通过支付保险补偿金的方式协助参保农户恢复到受灾之前农业生产水平（Goodwin，2007）。在没有农业保险覆盖的条件下，遭受农业生产风险冲击的农户可能因为缺乏资金难以恢复到之前生产规模，或者有限的资金只能恢复较低的农业生产水平，这显然不利于农业生产效率的提升。存在农业保险条件下，遭受农业生产风险冲击的农户，保险公司会根据保险合同相关条款支付保险金以补偿其农业灾害损失，相对于未参保群体而言，参保农户就会拥有相对多的资金来恢复农业生产条件，进而有助于参保农户农业生产效率的提升（Hennessy，1998）。

（2）政策性农业保险对农业生产效率产生负面影响。保险市场是典型的信息不对称市场，农业保险市场也不例外，过于严重的道德风险及逆向选择行为都会导致农业保险市场失效（Ray，1974；Goodwin & Smith，1995；Quiggin et al，1999），这自然不利于农业生产效率的提高。

首先，农业保险产生的道德风险现象不利于农业生产效率提升。参保农户利用对于自有农业生产条件的信息优势，作出有利于自己而不利于农业保险公司的决策，这可能对农业生产效率提升不利。具体而言：一是，农业保险可能会促使农户增加边际土地投保额度。事实上边际土地由于本身肥沃程度不具备开发潜能，农业开发风险较大，理性农民在没有保险保障条件下，往往不会开发这些土地（Lafrance，1999；宁满秀，2006）。但是存在农业保险保障条件下，农户就有了开发这些土地的动机，但边际土地的特性也决定了，大量的农业投入所带来的农业产出水平十分有限，这显然不利于农业生产效率的提升。二是，道德风险可能促使农户减少对农业投入和监管水平。在农业保险保障条件下，农户减少农业投入及监管水平就成了一个选项，因为由此所造成的农业产出水平下降的损失并不由自己来承担，农业保险公司在成本约束条件下，也不可能对所有的参保农户通过监督来确定造成农业损失的原因，所以只能根据先前订立的保险合同给予农户补偿。减少资本和劳动力投入显然不利于农业生产效率的提升。

其次，保险公司的逆向选择导致农业生产效率提升困难。中国地域广阔，各地的农业生产风险差异明显，但是农业风险信息对于保险公司和农户而言是透明的（Quiggin et al，1993）。由于保险公司掌握着保险合同的供给，那么，对于高风险地区，出于利益最大化考量，保险公司可能会减少农业保险合同或者调高农业保险保费；相对而言，保险公司会加大对低风险地区的保险合同投入力度或者以降低保费手段来吸引参保农户。而低风险地区农业生产有着更高发展质量和水平，其生产效率提升空间相对有限，相对来说，高风险地区才是生产效率提升的潜在来源（龚强，2012），但这部分地区却没有被保险覆盖，更多的资金被用在恢复农业生产而不是生产效率提升。因此，保险公司的逆向选择也可能导致生产效率提升困难。

总的来说，政策性农业保险对农业生产效率存在正、负两个方面的影响，如图4-1所示。

总效应方向如何，还是需要进一步实证分析。这也就形成本小节的研究假设。

假设4-7：在其他因素都被固定的条件下，政策性农业保险对农业生产效率有正负两方面影响，总效应方向确定需要实证证实。

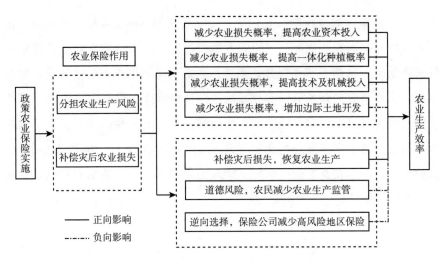

图 4.1 政策性农业保险对农业生产效率的影响机理

4.5 本章小结

   准确地评估政策性农业保险对农业生产的影响必须明确其内部的影响机理。本章在借鉴相关理论及研究逻辑的基础上，分别从成熟前农业生产投入阶段行为和农业生产产出及效率评价阶段两个维度，涵盖农业生产整个过程的四个环节，勾勒出政策性农业保险对农业生产行为的影响路径和方向。事实上，政策性农业保险对农业生产影响的理论框架，就是在给定的农户内生变量（土地和其他生产要素特征、风险态度等）、外生变量（农业生产风险、地理特征、技术约束）的条件下，基于基本农业生产函数，通过政策性农业保险分散风险、补偿灾后损失的途径，在期望效用或者利润最大化生产目标条件下选择特定生产方式的生产行为，最终表现为农业生产产出和生产效率的最大化的，最后为下一阶段农业生产规模扩大以及受灾后农业生产恢复提供资本基础。具体是分别按照"政策性农业保险→分散农业生产风险→提高农业生产要素投入意愿→提升农业生产规模→增加农业产出→带来农业生产效率提升→为下一阶段农业生产提供资本"和"政策性农业保险→农业生产受灾后理赔→降低农业生产风险冲击损失→恢复基本农业生产→保障农业生产稳定→为下一期农业生产稳定提供资本基础"这两条路径展开。当然,农业保险市场作为典型信息不对称市场,虽然政府的介入可以部分减弱逆向选择风险,但是来自农民的道德风险也可能对以上逻辑路径产生负面影响,这也需要我们注意。详细的机理分析也为接下来实证分析奠定了理论基础和研究方向。需要指出的是,农业生产投入和农业生产产出并不能人为地割裂开来,事实上它们是互相影响的统一整体。

第 5 章

政策性农业保险对专业化种植
行为影响的实证分析

　　长久以来，厌恶风险的农民往往通过种植多种农作物的生产方式来减少收入波动（Erik，Nigel & Michael，2015）。碍于"人多地少""碎片化"的农业发展现实，我国农民也多倾向通过轮种、多样化种植等生产方式来应对产出波动风险，但这种生产方式往往会陷入相对封闭的"小而全"发展模式中（陈传波，2007，Smith & Glauber，2002）。"小而全""非专业化（多样化）"的农业生产经营方式意味着较低积累能力，难以为专业化高效率的农业生产提供初始投资，最终进入非专业化的均衡陷阱，虽能保障自身农业生产和收入的稳定，但也形成所谓的"路径依赖"，不利于农业生产效率的提升。并且多样化种植方式使种植土壤得不到休耕，土地质量下降，而为了维持产量，自然大面积使用农药、化肥，这也带来农业生产成本提升和环境污染的不良后果。从长远角度来看多样化生产方式阻碍了市场化、专业化和规模化进程，最终不利于资源的合理有效配置和生产效率的提升（Haji，2007）。

　　根据 4.1 节的机理分析可知，农业保险作为一种有效降低农业生产风险的金融工具，可以将农业生产风险外部化，促使农民选择农作物种植专业化，降低多样化生产种植等自我保险（self-insurance）行为所带来的效率损失（Gleuber，2007）。但我国政策性农业保险实施是否达到了分散农民农业生产风险，进而改变农民多样化种植行为之目的呢？前期研究发现，在国内几乎没有相关实证证据，但是正确理解两者之间的关系对于评估政策性农业保险影响及后续政策修正和优化至关重要。因此，本章借助前人研究成果结合政策性农业保险实施现状，采用双重差分（difference-in-difference，DID）的方法，定量分析政策性农业保险对我国农民种植生产方式的影响，从其中一个方面反映政策性农业保险对农业生产的影响，从而为政府下一阶段政策优化和完善提供实证支持和政策建议。

5.1　实证策略、数据及变量选取

5.1.1　实证策略

本书主要基于异时双重差分模型，识别政策性农业保险的实施对农民生产方式的影响。使用这种方法的目的是在没有进行实验的基础上，通过双重差分的处理，取得一种类似实验的效果，实现一种类似反事实估计（counter-factual estimation），最后通过估计得到政策效果，即处理组平均处理效应（average treatment effect of treated，ATT）。

$$Y_{it} = \beta_0 + \beta_1 \times Treat \times t + \beta_2 \times Treat + \beta_3 \times t + \varepsilon_{it}; \quad i = 1, \cdots, n; \quad t = 1,2$$

$$(5.1)$$

模型的设定如式（5.1）所示。Y 为因变量；t 为政策变动时间，一般为政策前后两期，取值为 1 和 0，1 表示政策实施后，0 为政策实施前；$Treat$ 为政策处理变量，取值为 1 或 0，1 表示受到政策影响，0 表示没有受到政策影响；β_0、β_1、β_2、β_3 为待估参数，ε_{it} 为误差项。

交乘项估计参数 $\hat{\beta}_1$ 被用来解释政策处理组和控制组的差异，反映了农业保险补贴试点前后所造成的政策效果，即干净的政策影响。如果这个变量显著，则政策实施将给结果变量带来显著影响。

具体如下：对于处理组（也即是 $Treat = 1$）而言，试点前变化为 $\beta_0 + \beta_2$，试点后该数据变化为 $\beta_0 + \beta_1 + \beta_2 + \beta_3$，试点前后差异为 $\beta_1 + \beta_3$；相对而言，控制组（也即是 $Treat = 0$）试点前，多样化因变量的变化率为 β_0，试点后的因变量为 $\beta_0 + \beta_3$。试点前后变量变化为 β_3。因此，农业保险所产生的影响：

$$ATT = \beta_1 + \beta_3 - \beta_3 = \beta_1 \tag{5.2}$$

更进一步考虑到农业种植行为还受到其他经济情况和区域特征的影响，在此根据粮食生产的具体过程引入合适的相关控制变量。但因我国政策性农业保险试点是分时间、分省份逐步实施的，而模型式（5.1）仅能分析实验组第一批试点省份对农业多样化的影响。因此，将模型式（5.1）扩展得到模型式（5.3）。

$$Y_{it} = \beta_0 + \beta_1 D_i + \sum_t \beta_t T_t + \alpha_1 DT_{it} + \alpha_2 X_{it} + \mu_{it} \tag{5.3}$$

其中，D_i 表示 i 省是否是实验组，若是，则该值为 1[①]；T_t 为时间哑变量，表示时间趋势。DT_{it} 表示在 t 年省份 i 是否接受了政策影响，若受到政策的影响则该值为 1，其他年份该值为 0，其中 DT_{it} 前的系数 α_1 为政策处理效应，也是核心自变量；X_{it} 为相应的控制变量。

5.1.2　数据来源

本书中第一产业占比以及第一产业产值数据来源于《中国统计年鉴》，各种农作物种植面积、农业机械总动力、乡村从业人员人数、有效灌溉面积以及农村人均耕地面积等数据来自《中国农村统计年鉴》。同时，五种度量农业种植专业化的指标是笔者根据各省份各种农作物种植面积的数据

---

①　因为在样本时间内全部省份都被纳入实验组，所以该值全部都为 1，于是纳入截距项内。

计算而得的。政策性农业保险保费收入和支出数据是根据《中国保险统计年鉴》各个地区农业保险公司相关业务数据整理而得的。

5.1.3 变量选取

5.1.3.1 因变量:农业多样化

本书选择农业生产多样化(farm diversification)作为本书的关键因变量。奥多诺休等(O'Donoghue et al, 2009)认为,农业种植多样化指标可以分为五种:最大化指数(max index)、赫芬达尔指数(Herfindahl index)、全局总熵指数(total entropy index)、相关熵指数(related entropy index)、非相关熵指数(unrelated entropy index);其中赫芬达尔指数是国内学者使用较多的衡量多样化指标(卢华,2015)。但是奥多诺休等(O'Donoghue et al, 2009)认为农业多样化指标选取不当可能会导致估计结果有偏。为了保证估计结论的准确性,本书将使用以上五种指标来验证这一影响,其具体计算方法如下。

1. 最大化指数

该种方法最为简单,具体指种植面积最大一类农作物占所有考察范围内农作物总种植面积的比重,取值范围为 $0 \sim 1$,该比重越大则代表该种农业生产方式越专业化。

2. 赫芬达尔指数

这是最常用的计算多样化指标的方法,具体计算方法如下:

$$HI = \sum_i (s_i)^2$$

其中, s_i 为农作物 i 占所有考察农作物总种植面积的比例。 HI 的取值范围为 $0 \sim 1$, $HI = 1$ 则说明只种植一种农作物,种植专业化程度最高;取值为0表明作物多样化程度最高。

3. 全局总熵指数

全局总熵指数的具体计算公式如下:

$$TE = \sum_i \left(s_i \times \frac{\ln\frac{1}{s_i}}{\ln n} \times 100 \right)$$

其中，n 代表所考察主要农作物种类数目，根据数据的可得性，本书选择我国种植面积最大的 12 类农作物，所以该值为 12。全局总熵指数越大意味着多样化程度越高，相对的专业化程度就越低。为了更精准地分析农作物种植多样化变化的来源，本书借鉴泰尔（Theil，1972）的做法，将全局总熵指数分解为两部分：相关熵指数和不相关熵指数。

4. 相关熵指数

相关熵指数的具体计算公式如下：

$$RE = \sum_g \left[s_g \times \sum_i \frac{\ln\frac{1}{s_{i(g)}}}{\ln n} \right] \times 100$$

其中，$g \in \{1,2,3,4,5\}$ 为根据农作物的属性分组，本书借鉴吉恩金斯（Jinkins，1994）的分类标准，结合我国统计年鉴实际条目，具体分组如表 5.1 所示。s_g 为 g 组内农作物种植总面积占全部农作物总种植面积的比例。$s_{i(g)}$ 为第 i 种农作物种植面积占该组 g 中农作物总种植面积的比例。

表 5.1　　　　　　　　　　　种植农作物分类标准

组别 g	具体农作物类型
1	小麦、水稻、玉米
2	豆类、薯类
3	棉花、麻类、烟草
4	花生、油菜
5	瓜果、蔬菜

5. 非相关熵指数

非相关熵指数的具体计算方法如下：

$$UE = \sum_g \left(s_g \times \sum \frac{\ln \frac{1}{s_g}}{\ln n} \right) \times 100$$

同样根据表 5.1 内的分组，s_g 为 g 组内农作物种植总面积占全部农作物总种植面积的比例，共有 5 组；n 为所考察农作物的种类数目，在本书中 n 为 12。

5.1.3.2 关键自变量

1. 政策性农业保险实施（*treated*）

根据《中央财政农业保险试点管理办法》以及 2007~2012 年相关各省市关于开展政策性农业保险的通知，结合张小东（2015）对政策性农业保险补贴试点地区的总结，我国政策性农业保险财政保费补贴试点进程如第 3 章的表 3.1 所示。

因为西藏自治区的农业种植面积和农业保险保费收入和支出数据部分年份缺失，为了保证研究结果准确，西藏不列入考察范围。其他省份若进入政策性农业保险试点范围，即认为其在当年接受政策处理，其政策处理变量（*DT*）等于 1，则其他年份该变量为 0。

2. 农业保险深度（*insurance*）

本书引入农业保险深度指标来衡量政策性农业保险的覆盖程度或保障程度，它等于某年该省份农业保险保费收入总额与当年该省第一产业生产总值之间的比值，该比值越高则证明保险覆盖程度越深，即保障更全面。

综合以上数据，可得相关指标的统计性描述（见表 5.2）。

表 5.2　　　　　　　　　　相关指标的描述性统计

名称	字符	观测值	平均值	标准误	最小值	最大值
第一产业占比	*GDP1P*	420	13.2250	6.8314	0.6000	37.9108
第一产业产值	*GDP1*	420	1015.4330	886.3386	38.5300	4742.6300
政策性农业保险试点	*treated*	420	0.0738	0.2578	0.0000	1.0000

续表

名称	字符	观测值	平均值	标准误	最小值	最大值
最大化指数	*MX*	420	0.3577	0.1076	0.1760	0.6911
赫芬达尔指数	*HI*	420	0.2315	0.0706	0.1320	0.5083
全局总熵指数	*TE*	420	70.1698	9.1911	42.0685	86.0810
相关熵指数	*RE*	302	26.8719	8.4180	15.8700	53.5736
非相关熵指数	*UE*	420	45.9010	6.1866	25.8927	58.6463
农业机械总动力对数	lnam	390	7.3863	1.0385	4.5573	9.4525
有效灌溉面积对数	lnfs	390	7.1889	0.9672	5.0306	8.5834
乡村从业人员数量对数	lnnxc	406	7.0396	0.9967	5.0802	8.5000
乡村人均耕地面积（亩）	rd	406	0.2476	0.7615	0.0161	15.0431
政策性农业保险保费收入的对数	lnais	345	3.8698	2.6283	−4.6052	9.6923
政策性农业保险保险深度	lnsurance	359	0.0038	0.0103	0.0000	0.1574

5.2 政策性农业保险对专业化种植行为影响的实证结果分析

5.2.1 政策性农业保险对农业保险保费收入的影响

根据 4.1 节中的机理分析可知，政策性农业保险对推动农业种植专业化产生影响的前提是，政策性农业保险能够显著推动农民积极参保，并且带动农业保险保费收入增加。因此，在进行政策性农业保险与农业种植专业化的相关分析之前，需要首先分析政策性农业保险试点与农业保险保费收入两者之间的相关关系。为此本书选取政策性农业保险保费收入的对数作为因变量，是否试点政策性农业保险作为关键自变量。结果显示政策性农业保险补贴政策显著地提高农业保险保费收入（见表 5.3），这与一些文献（Goodwin，1993；Goodwin，Vandeveer & Deal，2004；O'Donoghue，2014）的结论相似，即政策性农业保险的推广显著提升农业保费收入，在种植面积没有发生太大变化的条件下，其提升了保险覆盖范围和保障水平。

表 5.3　　　　　　政策性农业保险试点与农业保险保费收入的影响

项目	（1）	（2）	（3）	（4）	（5）
	OLS1	OLS2	OLS3	FE	DID
DT	1. 1230 ***	0. 9467 ***	0. 8149 ***	0. 3019 *	0. 3242 **
	(0. 2597)	(0. 2544)	(0. 2830)	(0. 1713)	(0. 1271)
lngdp1		1. 1847 ***	0. 6258 ***	3. 6967 ***	0. 6215 ***
		(0. 2379)	(0. 2355)	(0. 9533)	(0. 0847)
ln$jycsr$			2. 4264 ***	1. 4993 *	0. 2197
			(0. 8400)	(0. 8092)	(0. 2603)
年份间虚拟变量	是	是	是	是	是
省际虚拟变量	是	是	是	是	是
_cons	3. 7754 ***	– 4. 0418 **	– 1. 0335	– 3. 1463	4. 0308
	(0. 2026)	(1. 6757)	(6. 8454)	(4. 3060)	(3. 9862)
Adj – R^2	0. 0141	0. 2309	0. 3432	0. 6625	0. 7059

注：DID 方法控制了年度和省份虚拟变量，均达到 10% 显著水平，为了节省空间，并未在表中列出。括号内为标准差，* 表示 $p < 0.1$，** 表示 $p < 0.05$，*** 表示 $p < 0.01$。

表 5.3 中列（1）~ 列（3）的混合回归结果[①]显示，DT 的系数为 0.8149 ~ 1.123，经换算可得政策性农业保险补贴试点地区平均增加保费 2258 万 ~ 3076 万元。由于各省份的情况不同，并且可能存在遗漏变量风险，因此，本书引进了固定效应和随机效应模型，通过 Hausman 检验的结果显示 p 值为 0.000，认为固定效应模型优于随机效用模型，其结果［见表 5.4 的列（4）］基本支持混合回归的结果，补贴政策的实施使得农业保

---

① 固定效应模型 F 检验 p 值为 0.00，显著拒绝混合回归的结果认为固定效应模型优于混合回归模型，但由于普通标准误只是聚类标准误的一半，所以并不能否定混合回归的结果。

险的保费收入显著增加了 1326 万元。为了识别农业保险补贴政策对农业保险保费收入影响的净效应，同时也引入双重差分模型，结果显示，在控制省际虚拟变量和时间虚拟变量的条件下，政策试点地区相比非试点地区农业保险保费收入多增加了 1383 万元，同样支持以上结论。其他控制变量，如第一产业产值、家庭经营性收入都呈现预期效果，与农业保险保费收入之间呈现正相关关系，并通过了至少 5% 的显著性检验。

5.2.2　政策性农业保险对专业化种植影响的实证结果

根据上文分析可知，政策性农业保险对农业保险保费收入有显著提升作用。因此，在耕地面积未出现大幅提升的前提下，保费收入水平的增加也提升了农业保险水平（王向楠，2015）。为了避免农业种植专业化指数选择的问题，本书借鉴奥多诺休等（O'Donoghue et al, 2009）的方法，选择五种主要测量农业种植专业程度的指标作为因变量，根据方程式（5.3）回归，具体结果如表 5.4 所示。

表 5.4　　　　　　　　政策性农业保险试点与农业种植专门化

项目	（1）	（2）	（3）	（4）	（5）
	DID_MX	DID_HI	DID_TE	DID_RE	DID_UE
DT	0.0472 *** (0.0042)	0.0009 * (0.0005)	− 0.0117 *** (0.0031)	− 0.0106 * (0.0056)	− 0.0097 * (0.0053)
lnam	0.1825 *** (0.0282)	0.0019 (0.0212)	− 0.6127 ** (0.2794)	− 0.6429 ** (0.3016)	− 0.4137 * (0.2362)
lnfs	0.6729 * (0.3729)	0.0249 * (0.0131)	− 3.1841 (3.0792)	− 2.1036 (2.1681)	− 1.7624 (3.7032)
lnnxc	− 0.3119 ** (0.1437)	− 0.0394 ** (0.0198)	6.5781 ** (2.7238)	6.0271 ** (2.6012)	6.1708 *** (2.1036)
rd	0.3012 * (0.1680)	0.0102 *** (0.0013)	− 9.3672 ** (4.7544)	− 8.5107 * (5.1157)	− 7.1082 * (4.2741)
是否控制时间 虚拟变量	是	是	是	是	是

续表

项目	(1)	(2)	(3)	(4)	(5)
	DID_MX	DID_HI	DID_TE	DID_RE	DID_UE
是否控制省际虚拟变量	是	是	是	是	是
_cons	1.1643 * (0.6641)	0.3149 *** (0.0319)	38.2671 *** (7.2167)	26.3720 *** (5.3952)	23.6127 *** (6.4291)
Adj – R^2	0.1371	0.1293	0.2836	0.1731	0.3016

注：括号内为标准差，$*$ 表示 $p < 0.1$，$**$ 表示 $p < 0.05$，$***$ 表示 $p < 0.01$。

根据表 5.4 分析可得，五个主要测量种植多样化指标系数结果都与预期相符。列（1）和列（2）显示，政策性农业保险试点虚拟变量的系数都为正，从种植作物选择的角度来看，政策性农业保险的推行显著提升了农民种植专业化水平。可能是因为政策性农业保险的大范围推广，分担了农民专业化种植的产出风险。在这种条件下，农民更愿意选择生产效率更高、但生产风险较大的专业化种植方式。同时也可以发现农业机械化总动力、灌溉总面积、人均耕地面积前的系数也为正。因为，农业机械化程度越高、灌溉面积越大、人均土地拥有量越大，越有利于大面积专业化的种植方式推广。因此，政策性农业保险试点推动了种植专业化程度。为了进一步验证政策性农业保险对农民生产方式和生产行为的影响程度，本书也加入了全局总熵指数、相关熵指数、非相关熵指数。分析结果显示，以上三个指数与政策性农业保险试点指标之间呈现负相关关系。根据前文的阐述，以上三个指标越大表示农作物种植多样化程度越大；负相关表明政策性农业保险的实施和推广降低了农业种植的多样化程度，也即是推动了种植专业化程度。同时，通过对比相关熵指数和非相关熵指数的系数，可以发现相关熵指数大于非相关熵指数，这表明由农业保险所带来的种植专业化转变更多的是组间种植物种植面积的变动所引起的，而非组内农作物种植面积所导致。可能的原因在于，目前正处于试点阶段的政策性农业保险并未覆盖所有农作物种类，多集中在粮食作物、油料作物以及部分农业经济作物等有限的种类。所以基于降低生产风险、提升生产效率的考量，农民更倾向选择有保险保障的农作物。

5.2.3　政策性农业保险对多样化种植影响的滞后效应分析

根据农业生产的基本规律，农业种植行为的改变是动态过程，它需要农民首先识别风险变化，然后根据风险变化来改变未来的农业生产行为，这一过程需要一定时间。所以，政策性农业保险所带来的农民种植行为的改变同样也是一个动态过程（宁满秀，2011），政策性农业保险实施当年和随后年份对种植专业化的影响程度可能不同。为此，根据方程式（5.3），以政策性农业保险试点变量（DT）滞后一年变量为自变量（DT_1）[①] 为关键自变量，在控制变量与表 5.3 相同，同时控制省际虚拟变量和时间虚拟变量的条件下，将回归所得结果与表 5.4 的结果进行综合对比，结果如表 5.5 所示。

表 5.5　　　　　　　政策性农业保险试点滞后与农业种植专门化

项目	（1）DID_MX	（2）DID_HI	（3）DID_TE	（4）DID_RE	（5）DID_UE
DT	0.0472 *** (0.0042)	0.0009 * (0.0005)	− 0.0117 *** (0.0031)	− 0.0106 * (0.0056)	− 0.0097 * (0.0053)
DT_1	0.0637 *** (0.0061)	0.00126 ** (0.0006)	− 0.0158 *** (0.0053)	− 0.0150 ** (0.0062)	− 0.0132 ** (0.0058)
是否控制时间虚拟变量	是	是	是	是	是
是否控制省际虚拟变量	是	是	是	是	是
N	420	420	420	302	420

注：表中列（1）~ 列（5）结果的控制变量同表 5.4，括号内为标准差，* 表示 $p < 0.1$，** 表示 $p < 0.05$，*** 表示 $p < 0.01$。

---

① 　即：若某省份 2007 年参与试点，则它 2008 年的处理变量为 1，其余年份为 0；2008 年参与试点的省份，则 2009 年的处理变量为 1，其余年份为 0。以此类推。

根据表5.5数据可知，政策性农业保险试点对农民种植行为的影响确实存在滞后效应。通过对比政策实施当年（DT）和政策实施一年[1]后（DT_1）系数以及显著性程度的差别可知：政策实施一年后对农业种植多样化产生较大的影响，最大化指数、赫芬达尔指数前的系数相较于试点当年出现了较大幅度的上升。相对而言，其他三个负向指标前的系数出现了明显下降趋势。这说明，政策性农业保险试点对第二年农民的种植行为产生较大的影响。造成如此大幅变化的原因，除了农民风险识别和根据实际农业生产风险调整自己的生产策略外，政策实施节点可能也起到关键影响。通过对各省份农业保险政策实施时间节点进行整理后可知，约65%（20个）的省份是在当年秋收秋种之后实行新政策，剩余35%（10个）的省份实施节点选择在年初开始。对于秋种后实施新政的省份，农民只能根据上一年未参保的真实风险水平来组织农业生产，在年底统计种植面积，这种试点方式无法真实体现政策性农业保险对农作物种植面积的影响。

5.2.4　政策性农业保险深度种植专业化异质性影响

虽政策性农业保险能够分担农民生产风险，但保险覆盖范围和深度的差异也可能导致分担风险的程度有所差异（王向楠，2015），这种差异可能导致种植专门化变化程度在不同的省份有所区别，甚至根本无法影响农民种植行为（Ballivian & Sickles，1994）。为此，本书根据各省份政策性农业保险深度[2]的差别，将所有省份划分为三组，分别为：高保险深度的地区（保险深度超过1%），共5个省份；中等保险深度地区（保险深度大于0.5%小于1%），共7个省份；低保险深度地区（保险深度小于0.5%），共18个省份[3]。按照前面的设定，检验保险深度对种植专业化程度的影响，结果见表5.6。

---

[1]　因数据长度和政策试点实施计划的原因，本书只选择滞后一年的数据。

[2]　保险深度确定是根据试点之后所有年份当年保费收入与当年第一产业产值比值的年平均值来确定。

[3]　此处是按2008年保险深度水平来划分的。

表 5.6　　　　　　　　　　政策性农业保险深度与种植专业化

项目	自变量	(1) ID_MX	(2) DID_HI	(3) DID_TE	(4) DID_RE	(5) DID_UE
全样本	DT	0.0472 *** (0.0042)	0.0009 * (0.0005)	− 0.0117 *** (0.0031)	− 0.0106 * (0.0056)	− 0.0097 * (0.0053)
Insurance > 1%	DT	0.0837 *** (0.0078)	0.0016 ** (0.0007)	− 0.0213 *** (0.0074)	− 0.0218 ** (0.0103)	− 0.0173 ** (0.0079)
1% > Insurance > 0.5%	DT	0.0736 * (0.0411)	0.0011 * (0.0006)	− 0.0178 ** (0.0090)	− 0.0126 (0.0231)	− 0.0113 * (0.0061)
Insurance < 0.5%	DT	0.0302 (0.0403)	− 0.0008 (0.0009)	− 0.0108 (0.0098)	− 0.0078 (0.0354)	− 0.0083 (0.0063)

注：表中列（1）~ 列（5）的结果的控制变量同表 5.4，并且分别控制了省际虚拟变量和年份虚拟变量。括号内为标准差，$*$ 表示 $p < 0.1$，$**$ 表示 $p < 0.05$，$***$ 表示 $p < 0.01$。

根据表 5.6 中政策性农业保险试点（DT）的系数可以发现，不同保险深度对各省份种植专业化程度的影响有明显异质性特征。保险深度越大的地区，政策性农业保险试点对于种植专业化程度影响越大。其可能的原因在于，保险深度越深的地区，政策性农业保险能够分担的农业生产风险越大，那么农业生产者更愿选择绝对风险更大、但是收益更多的专业化种植方式，从而提升农业生产效率。同时，通过对比显著性的区别，政策性农业保险试点前系数的显著性程度开始下降。这也从侧面验证了相关文献（Cornaggia，2013；Ballivian & Sickles，1994）的结论：当保险的深度较小且无法抵消农民厌恶风险的程度时，其对农业生产行为的影响也逐渐减弱，甚至对其没有影响。同时，也验证了以下结论：我国政策性农业保险因为保费金额小，理赔程度低，再加上碎片化的农业生产现状，该政策对于农业生产行为的影响有限，尤其是针对参保程度较低的省份而言（庹国柱，2012；Zhao，2016）。

5.3　稳健性检验

双重差分估计能否得到无偏的估计结果，关键取决于其基本假设是否成立。根据陈林（2015）的总结，双重差分基本假设大致分为两类：一类是实验组的选择是否遵循了随机性原则。双重差分研究必须通过随机化消除无法控制部分因素的影响，从而控制所有可能影响实验结果的无关因素。另一类是实验组与控制组同质性假设或者共同趋势假设，即：实验组和控制组样本除实验者所操纵的实验变项（政策冲击）不同外，其余各方面都应达到几乎相似的程度。本章将对相关假设进行验证。与此同时，为消除其他事件对多样化的影响，增加结果的稳健性，后续还进行了安慰剂检验。

5.3.1　随机性检验

中央政府对农业保险保费政策性补贴试点地区的选择并不是随机产生的，主要是根据各个省份的经济发展水平、农业经济发展状况、农业保险发展基础等多重因素综合考虑实施（梁平，2016），因此，本书需要检验农业种植多样化变化是否会预测改革的发生，从而增加结论的可靠性。

为此引入 logit 模型，因变量为该省份是否进入试点，自变量为农业种植多样化的五个关键指标。此外，为保证模型能够更好地解释试点区域选择是否随机，本书还控制了省际虚拟变量、时间虚拟变量以及省际经济和地理特征。表 5.7 报告了回归结果。

表 5.7　　　　政策性农业保险与种植专业化的随机性检验

项目	DT_-1				
	（1）	（2）	（3）	（4）	（5）
$gdp1p$	0.0454 **	0.0466 **	0.0462 **	0.0453 **	0.0367 **
	（0.0223）	（0.0198）	（0.0205）	（0.0225）	（0.0176）
$\ln gdp1$	0.8139 ***	0.8125 ***	0.7824 ***	0.8217 ***	0.8380 ***
	（0.2064）	（0.2036）	（0.2067）	（0.2080）	（0.1980）
$\ln nxc$	−0.2126	−0.2351	−0.1649	−0.2457	0.0153
	（0.1521）	（0.1485）	（0.1717）	（0.1501）	（0.2126）

续表

项目	DT_-1				
	（1）	（2）	（3）	（4）	（5）
lncorns	0.1705 ***	0.0907 *	0.1345 **	0.1299	0.0906 **
	（0.0462）	（0.0478）	（0.0637）	（0.0893）	（0.0448）
lncornt	-0.6566	-0.5344	-0.4811	-0.6311	-0.5768
	（0.5431）	（0.5657）	（0.5328）	（0.5296）	（0.5306）
zonew	0.1540	0.1276	0.1720	0.1107	0.2240
	（0.1589）	（0.1509）	（0.1532）	（0.1592）	（0.1544）
zonee	-0.5435 ***	-0.5582 ***	-0.5778 ***	-0.5732 ***	-0.6603 ***
	（0.1775）	（0.1795）	（0.1794）	（0.1725）	（0.1751）
mx	0.1318				
	（0.1529）				
hi		0.0061			
		（1.1850）			
te			-0.0142		
			（0.0103）		
re				0.0123	
				（0.0093）	
ue					-0.0434
					（0.0338）
_cons	-2.5850 ***	-2.5501 ***	-1.5619 ***	-2.4493 ***	-0.6670
	（0.6339）	（0.8609）	（0.5677）	（0.5808）	（0.8918）
N	420	420	420	302	420

注：括号内为标准差；列（1）~列（5）都控制了省际变量和时间虚拟变量；* 表示 $p < 0.1$，** 表示 $p < 0.05$，*** 表示 $p < 0.01$；zonew 为该省份是否为西部省份、zonee 为该省份是否为东部省份，以中部省份为对照值。lncorns 为粮食作物种植面积的对数，粮食作物主要包括：玉米、稻米、小麦三类。

从表 5.7 可以看出，在控制了省份虚拟变量和年度虚拟变量后，第一产业产值占比、第一产业产值、粮食作物产量和试点与否存在显著的正相关关系，而和东部虚拟变量显著负相关，这说明中央政府在选择试点地区时，更倾向于农业产值更高、农业生产总值占比更高、粮食种植面积更广或者非东部地区。相对而言，5 个专业化指标都不显著相关，这也说明政府在挑选试点省份时并不是以此为标准挑选试点地区，即：农作物种植多样化不能预测试点的发生，试点选择的过程符合随机性要求，政策性农业保险可以被认为是外生的政策冲击，这也为前文分析的结果提供了可靠性支撑。

5.3.2 共同趋势检验

基于准自然实验的双重差分研究的另一个重要前提是实验组与控制组样本在统计意义上是同质个体（陈林，2015；付小鹏、梁平，2016），也就是，在政策处理之前对照组和处理组的农业生产效率的变化趋势应当是相似的，是符合共同趋势假设的。为了检验这一结果是否满足共同趋势假设。借鉴参照有关文献（Thorsten Beck，2010；张国建等，2015）的研究，本书将动态变量引入标准模型中，得以下模型：

$$Y_{i,t} = \alpha_0 + \beta_1 DT_{i,t}^{-5} + \beta_1 DT_{i,t}^{-4} + \beta_1 DT_{i,t}^{-3} + \cdots + \beta_1 DT_{i,t}^{5} + P_i + Year_t + \varepsilon_{i,t}$$

$$(5.4)$$

式（5.4）中，$Y_{i,t}$表示种植专业化程度，仍然选择 5 种种植业专业化指标来衡量，$D_{i,t}^{-5}$代表政策性农业保险政策在 i 省份实施前第 5 年的虚拟变量，$D_{i,t}^{5}$代表政策性农业保险在 i 省份实施后第 5 年的虚拟变量，P 和 $Year$ 分别是省份和年度虚拟变量。具体实证结果如表5.8所示[①]。

表5.8　　政策性农业保险与种植专业化的共同趋势检验

项目	(1) mx	(2) hi	(3) te	(4) re	(5) ue
DT^{-5}	-0.1202 (0.0851)	-0.0044 (0.0032)	0.0133 (0.0079)	0.0241 (0.0725)	0.0192 (0.0126)
DT^{-4}	-0.1175 (0.0776)	-0.0034 (0.0027)	0.0112 (0.0067)	0.0207 (0.0449)	0.0147 (0.0011)

---

① 共同趋势检验的样本选择时间窗口为 2002～2016 年，未将北京、上海样本纳入共同趋势检验。

续表

项目	(1) mx	(2) hi	(3) te	(4) re	(5) ue
DT^{-3}	-0.1012 (0.0817)	-0.0027 (0.0022)	0.0107 (0.0065)	0.0117 (0.0341)	0.0139 (0.0091)
DT^{-2}	-0.0974 (0.0072)	-0.0024 (0.0018)	0.0112 (0.0068)	0.0094 (0.0059)	0.0127 (0.0084)
DT^{-1}	-0.0524 (0.0549)	-0.0018 (0.0019)	0.0097 (0.0061)	0.0102 * (0.0061)	0.0092 (0.0056)
DT	0.0628 ** (0.0316)	0.0014 ** (0.0007)	-0.0127 *** (0.0029)	-0.0116 ** (0.0057)	-0.0126 ** (0.0053)
DT^1	0.0713 *** (0.0231)	0.0015 *** (0.0006)	-0.0162 *** (0.0056)	-0.0167 *** (0.0064)	-0.0141 ** (0.0062)
DT^2	0.0715 ** (0.0337)	0.0016 ** (0.0007)	-0.0146 ** (0.0068)	-0.0151 ** (0.0067)	-0.0133 ** (0.0054)
DT^3	0.0721 * (0.0381)	0.0017 ** (0.0008)	-0.0129 * (0.0072)	-0.0143 ** (0.0073)	-0.0139 ** (0.0069)
DT^4	0.0719 ** (0.0298)	0.0016 * (0.0009)	-0.0134 ** (0.0047)	-0.0129 * (0.0076)	-0.0128 * (0.0061)
DT^5	0.0728 * (0.0407)	0.0018 * (0.0010)	-0.0148 * (0.0073)	-0.01082 * (0.0059)	-0.0136 ** (0.0064)
Province Fixed	Y	Y	Y	Y	Y
Year fixed	Y	Y	Y	Y	Y
N	392	392	392	206	392

注: 括号内为标准差, 列 (1) ~ 列 (5) 都控制了省际变量和时间虚拟变量, * 表示 $p < 0.1$, ** 表示 $p < 0.05$, *** 表示 $p < 0.01$。

由表 5.8 中的数据可知,政策性农业保险与种植专业化影响至少通过了共同趋势检验。主要表现为: 在政策实施前的一段周期内, 政策性农业保险对农业种植专业化的影响并未通过至少 5% 水平上的显著性检验, 这样说明在政策发生前, 实验组和控制组在农业种植专业化的变化层面, 保持相对一致的发展趋势。当然该结果也进一步说明了种植专业化趋势无法预测政策性农业保险政策的实施。与此同时，这一结果也再次证明了政策性农业保险对农业种植专业化的影响具有显著动态性特征，主要表现为，试点后动态变量前系数显著，绝大多数年份至少通过了5%水平上的显著特征，并且呈现不断扩大趋势。

5.3.3　安慰剂检验

中央政府从2007年开始对农业保险保费进行补贴，然后根据各个省份农业发展实际扩大试点范围，为了确定考察对象是否是同质个体。按照周黎安（2005）做法，引入哑变量（DT_-1）即参与试点处理的变量的提前一期[①]成为新变量，以此作为关键自变量，种植多样化指标为因变量，来研究种植多样化的趋势特征，具体结果如表5.9所示。结果表明，2000～2012年，参与试点省份与未参与省份之间在种植多样化方面不存在显著差别，从而为政策性农业保险补贴对农作物种植专业化的影响提供了证据支持。

表5.9　　　　政策性农业保险与种植专业化的安慰剂检验

项目	(1)	(2)	(3)	(4)	(5)
	mx	hi	te	re	ue
$treated\_-1$	0.1639 (0.1054)	0.0031 (0.0083)	−0.0981 (0.9241)	−0.0711 (0.5402)	−0.0641 (0.7246)
lnam	−0.0245 (0.2553)	0.0024 * (0.0013)	−1.4991 *** (0.2266)	−1.2369 ** (0.5922)	−1.0922 * (0.6107)
lnfs	0.5731 ** (0.2746)	0.0221 * (0.0114)	−1.4169 ** (0.6640)	−1.3172 * (0.7115)	−1.2892 * (0.7701)

---

① 即：若某省份2007年参与试点，则它2006年的处理变量为1，其余年份为0；2008年参与试点的省份，则2007年的处理变量为1，其余年份为0。以此类推。

续表

项目	(1)	(2)	(3)	(4)	(5)
	mx	hi	te	re	ue
lnnxc	−0.3217	−0.0347 *	6.4137 **	4.6413	4.8379 **
	(0.2401)	(0.0186)	(2.5512)	(12.3429)	(2.3529)
rd	0.2913	0.0096 **	−8.7872 **	−7.2304	−6.4012 *
	(0.1916)	(0.0043)	(4.3208)	(4.8961)	(3.8316)
_cons	1.0037 ***	0.2471 ***	36.1726 ***	23.1046	23.3170 ***
	(0.0129)	(0.0542)	(7.4194)	(57.0611)	(7.0393)
N	390	390	390	212	390

注：括号内为标准差，列（1）~列（5）都控制了省际变量和时间虚拟变量，* 表示 $p < 0.1$，** 表示 $p < 0.05$，*** 表示 $p < 0.01$。

通过表 5.9 可以发现，在保持处理组和对照组不变的条件下，若将处理时间提前一年，政策处理变量（$treated\_-1$）前的系数并没有通过至少 10% 水平上的显著性检验。该结果表明，政策提前变量确实不会对农户粮食产出产生显著影响，这也进一步验证了政策性农业保险确实有助于农民种植专业化的结论，也就是，政策农业保险试点显著提升了处理组农业种植专业化水平。

5.4　本章小结

本章利用 2000 ~ 2013 年省际面板数据，运用异时双重差分的方法定量研究了政策性农业保险与农民种植多样化之间的相关关系。研究发现，政策性农业保险保费补贴显著提升了农业保险保费收入。在有效降低农民生产风险的条件下，其对农民农作物种植专业化起到正面积极作用，并存在明显滞后特征和异质性特征。首先，政策性农业保险对专业化的影响在试点的第二年影响更深更显著；其次，保险覆盖程度越深的地区农业种植专业化程度越深，同时也发现保险深度程度较低的地区并未出现农业种植行为向专业化转变的迹象。因此，如何在政策性农业保险试点后，提升政策性农业保险补贴程度、增加政策性农业保险覆盖范围、提升保险管理效率，最大程度降低农业生产风险，成为下一阶段政策性农业保险改革的方向。

第 6 章

政策性农业保险对农用化学品
投入行为影响的实证分析

粮食生产安全一直都是政府密切关注的重要议题和施政重点（庹国柱，2013），习近平主席强调"保障国家粮食安全是一个永恒的课题"①。但长久以来，过分强调粮食安全的农业政策可能忽视了其潜在的环境影响，这导致粮食安全与环境污染作为两个对立面一直伴随中国农业发展，使得中国近 50 年以来走上一条高投入、高产出和高环境代价的农业发展之路（国务院发展研究中心"十二五"规划研究课题组，2010）。虽然我国相继出台了《到 2020 年化肥使用量零增长行动方案》和《到 2020 年农药使用量零增长行动方案》等行动方案，化肥农药减量增效已顺利实现预期目标，化肥农药使用量显著减少，化肥农药利用率明显提升，但是世界银行数据也显示，2020 年我国仍然是世界上最大的农业化学品使用量最大国家。我国每公顷耕地化肥施用量为 383.3 千克，这是世界平均水平 146.4 千克的 2.6 倍，农药使用量 10.3 公斤/公顷是世界平均水平的 2.3 倍。农药和化肥过量使用已经严重影响了农村地区的生态环境安全。在这一背景下，作为一项旨在"稳定农民收入、保障粮食生产安全及分散农业

---

① 《十八大以来治国理政新成就》编写组．十八大以来治国理政新成就（上册）［M］．北京：人民出版社，2017：426.

生产风险"的政策性农业保险是否会对化肥、农药使用数量产生影响，这一问题值得探讨。

根据相关文献分析，政策性农业保险制度会对农户的生产决策行为产生非常重要的影响，尤其是农户化学药品等生产要素的施用会引起生态环境质量的变化（Leathers & Quiggin 1991、Horowitz & Lichtenberg，1993、Smith & Goodwin，1996；Wu，1999；Walters，2012）。作为目前中国政府极力推广、覆盖面越来越大、影响程度越来越深的政策性农业保险，它在稳定粮食生产安全、减少农业生产波动的同时，对中国农民的农业行为会产生什么样的影响，是否会影响其农用化学药品使用数量以及通过何种渠道施加这种影响，值得学界研究。因为这些问题的答案无论是对于政策性农业保险制度的稳定、粮食生产安全，还是对于农村经济可持续发展而言，都具有非常重要的现实意义和价值。

鉴于以上分析，本书基于政策性农业保险的外部政策冲击，采用内生转换模型和倾向得分匹配的因果识别方法，结合 2019 年河南省 SQ 县微观调查数据，定量分析了政策性农业保险的实施对于农民的农药、化肥两种主要农用化学要素施用量的影响，以及该种影响的作用途径，这也为未来我国农业保险政策的完善和修订提供实证证据支撑。

6.1　实证策略、数据来源及变量选择

6.1.1　实证策略

根据 4.2 节的理论分析，本章首先分别构建农户农业化学性生产要素投入行为以及参保方程：

$$Y = \alpha_0 + \alpha_1 Insurance + \beta_i X_i + \theta_i Z_i + \mu \qquad (6.1)$$

$$Insurance = \alpha_0 + \beta_i X_i + \theta_i M_i + \varepsilon \qquad (6.2)$$

其中：Y 为本书主要研究对象，即农户农药、化肥施用数量；$Insurance$ 为农户是否参加政策性农业保险；X_i 为调查农户的社会经济特征；Z_i 为影响农户使用农药、化肥数量行为的因素；M_i 为影响投保行为的其他因素。事实上，政策性农业保险购买行为与农户农用化学要素使用之间存在相互影响的决策过程（宁满秀，2006），同时也存在生产行为和投保行为"非同时决策"的可能（张哲晰等，2018），因此简单地使用 OLS 估计方程可能产生选择性偏误而衍生出内生性问题，从而导致实证估计偏误。为解决"自选择"而产生的估计偏误，本书选择倾向得分匹配（propensity score matching，PSM）和内生转换模型（endogenous switching regression）两种因果实证分析方法，来估计参保行为对农用化学生产要素投入数量的影响。

6.1.1.1　倾向得分匹配

罗森鲍姆（Rosenbaum）和罗宾（Rubin）所提出的倾向得分匹配的方法可以通过构造一个准自然实验的事实框架（quasi-experiment），即，构造近似的反事实"处理组"和"控制组"的方法，从而达到部分满足"反事实事件"的要求，最终估计出相对干净的处理效应。其具体步骤如下：

首先，构造一个包含影响参保行为的个体因素 logit 模型，计算个体参与农业保险的倾向得分，具体模型如下：

$$\text{Logit}\,(treated_i = 1) = \alpha_0 + \beta_i X_i + \theta_i M_i + \varepsilon \qquad (6.3)$$

以上模型中，$treated_i$ 表示个体"是否参加农业保险"的虚拟变量，若参加农业保险则 $treated_i = 1$，否则 $treated_i = 0$，将调查对象划分"处理组"和"对照组"。根据影响参保行为的协变量 Logit 模型可以计算出农户参保概率，即进入处理组的倾向得分 $P(X)$。

其次，对倾向得分相近的农户进行匹配，按照参保与否条件计算要素投入数量差距，可以在其他特征相似的条件下为"处理组"农户选择适当的"对照组"农户，以减少样本自选择问题带来的估计偏误。"处理组"农户与"控制组"农户之间农用化学药品使用的差距，即为参保行为对其使用影响的平均处理效应（average treatment effect，ATE），具体模型如下：

$$ATE_{PSM} = E_{P(X)|treated=1} \{ E[Y(T) \mid Treated_i = 1, P(X)]$$
$$- E[Y(U) \mid Treated_i = 0, P(X)]\} \tag{6.4}$$

其中：ATE_{PSM} 为平均处理效应，$treated_i$ 是处理组（1）与控制组（0）的虚拟变量，$P(X_i)$ 是倾向得分，$Y(T)$ 表示参保农户农用化学要素投入数量，$Y(U)$ 表示未参保农户农用化学药品投入数量。

6.1.1.2 内生转化模型

PSM 虽然可以有效降低"自选择"导致的估计偏误，但是该方法是建立在可观测变量的基础上，因此无法排除不可观测变量的影响，且也可能会面临遗漏变量造成的内生性问题，而内生转化回归模型可以有效地降低遗漏变量问题带来的估计偏误（史常亮，2017），所以本书采用内生转化回归模型作为 PSM 估计结果的稳健性分析。马达拉（Maddala，1983）提出的内生转化回归模型可以有效地缓解遗漏变量问题造成的估计偏误。实质上内生转化模型是一种放松了"必须将共同影响因素全部纳入方程假设"的拓展赫克曼（Heckman）选择模型（张哲晰等，2018）。具体到本书，内生转化模型主要将参保农业保险组和未参加农业保险组的农户投保行为与农业生产要素投入行为的方程联立。其估计逻辑思路分为两步。首先，运用 Logit/Probit 模型估计农户参保行为影响方程；其次，转化参保行为影响方程，估计两组农户农业保险投保行为对农用化学要素投入数量差异。具体步骤如下：

第一步，将方程式（6.1）转换成参加农业保险组和未参加农业保险组的投保行为对农用化学要素投入的影响方程：

$$Y_T = \alpha_0 + \beta_i X_i + \theta_i Z_i + \mu_T, \quad insurance = 1 \tag{6.5}$$

$$Y_U = \alpha_0 + \beta_i X_i + \theta_i Z_i + \mu_U, \ insurance = 0 \qquad (6.6)$$

其中，Y_T 和 Y_U 分别代表参保农户和未参保农户亩均农用化学药品投入数量。但是现实情况下，是否参加农业保险是一种确定状态，即，无法同时观测到单个农户参保和未参保行为，因此也无法同时观测到两种状态条件下该农户农用化学药品使用数量。

第二步，为解决这一问题，内生转化模型将逆米尔斯比率（inverse Mill's ratio）引入影响方程，逆米尔斯比率（γ）主要根据参保方程计算而得，引入该系数后可以将以上方程式转化为：

$$Y_T = \alpha_0 + \beta_i X_i + \theta_i Z_i + \sigma_T \gamma_T + \mu_T, \ insurance = 1 \qquad (6.7)$$

$$Y_U = \alpha_0 + \beta_i X_i + \theta_i Z_i + \sigma_U \gamma_U + \mu_U, \ insurance = 0 \qquad (6.8)$$

式（6.7）和式（6.8）中，γ_T 和 γ_U 分别代表部分观测不到变量对投保选择的影响。$\sigma_T = \mathrm{cov}(\mu_T, \varepsilon)$ 和 $\sigma_U = \mathrm{cov}(\mu_U, \varepsilon)$ 分别表示参保方程与要素投入影响方程误差项的协方差，若 σ_T 和 σ_u 存在显著相关关系，则说明"自选择"问题会影响估计结果稳健性，那么，经过纠正就可以有效地解决不可观测因素对估计结果的影响，也就是，以上两式得到的结果也是无偏并一致。本书选择完全信息极大似然估计方法（Lokshin & Sajaia, 2004）对参保方程式（6.5）和方程式（6.6）以及方程式（6.7）和方程式（6.8）进行估计。同时，为了保证能够顺利识别，根据史常亮（2017）的建议，参保影响方程中至少一个变量不出现在影响方程中的相关影响因素中。

基于以上模型，参加和未参加农业保险的农户化学药品平均施用量可以分别转化为方程式（6.9）和方程式（6.10），他们反事实的施用量分别是参保农户若未参保时施用量和未参保农户如果参与农业保险时的农用化学药品施用数量。那么，可以得到转变表达方程式（6.11）和方程式（6.12），这四个方程的条件期望分别为：

$$E[Y_T | D_i = 1] = \beta_T X_T + \sigma_T \lambda_T \qquad (6.9)$$

$$E[Y_U | D_i = 0] = \beta_U X_U + \sigma_U \lambda_U \qquad (6.10)$$

$$E[Y_U | D_i = 1] = \beta_U X_T + \sigma_U \lambda_T \qquad (6.11)$$

$$E[Y_T | D_i = 0] = \beta_T X_U + \sigma_T \lambda_U \qquad (6.12)$$

那么，参保农户的农用化学生产要素的平均处理效应，即处理组平均处理效应，可以表述为方程式（6.9）和方程式（6.11）之差，具体如下：

$$ATT = E[Y_T | D_i = 1] - E[Y_U | D_i = 1] = X_T(\beta_T - \beta_U) + \lambda_T(\sigma_T - \sigma_U)$$

$$(6.13)$$

按照这一逻辑，未参保农户农用化学生产要素的平均处理效应，即对照组平均处理效应，可以表达为方程式（6.10）和方程式（6.12）的差值，具体如下：

$$ATU = E[Y_T | D_i = 0] - E[Y_U | D_i = 0] = X_U(\beta_T - \beta_U) + \lambda_U(\sigma_T - \sigma_U)$$

$$(6.14)$$

6.1.2　数据来源

本研究数据主要来自河南省 SQ 县政府组织的政策性农业保险实施效果调查①。该调查在综合各个乡镇地理因素、经济发展因素以及粮食产量基本状况的基础上，采用多阶段随机抽样的方法展开调查。首先，在 SQ 县粮食主产区随机选择了付井镇、周营乡、白集镇、城关镇 4 个乡镇为调查对象。其次，在每个乡镇所有村庄中随机选择 3 个村庄作为村庄调查样本。最后，在所在村庄每个大队，根据村大队家庭名册，采用随机抽样的方法，每队随机选择 5 户家庭作为受访对象。若调查户主联系不到或者不再耕种土地，则根据户籍名册顺移到下一户家庭。采用入户调查方式展开问卷调查，共发放问卷565 份，调查工作人员通过访谈方式获取信息，并根

---

① 该县为全国粮食主产区，约92%的耕地用于种植小麦和玉米等粮食作物，其他作物种植面积较少。

据访谈信息填写调查问卷，调查结果经户主确认后正式归档，其中共收集557户有效样本数据，有效答卷率达到98%。具体样本来源分布见表6.1。

表6.1 调查样本分布情况

乡镇样本点	调查户数
付井镇	167
周营乡	141
白集镇	132
城关镇	162
总计	557

根据研究目的及研究内容，本次调查内容分为三部分（调查问卷的具体内容见附录）：第一，户主基本情况。包括性别、年龄、文化程度、务农时间等。第二，户主农业活动基本状况。包括化肥、农药及复合肥使用数量、作物播种面积，土地属性与灌溉情况以及农户参加政策性农业保险状况等。第三，农业风险环境。是否遭受灾害、类型范围、政府灾害救助等基本农业生产状况。

6.1.3　变量选择

本书变量选择如下：

（1）被解释变量。本书选取"每亩施用化肥和农药的数量"作为被解释变量。若受访对象不能直接说出每亩施用数量的话，可以通过化肥和农药施用总数量和播种面积相除得到。

（2）核心解释变量。本书选取"您是否参加政策性农业保险？"作为核心解释变量。该变量为虚拟变量，若农户参加政策性农业保险，则该值为1，其他为0。除了农户基本特征、农业生产基本特征因素外，农户对农业风险的态度可能决定政策性农业保险参保行为，风险规避越高的农户购买保险的概率就会越大，但购买保险后，农户生产资料的投入行为也会出现明显差别。因此，本书增加了对农户风险态度的调查，借鉴宁满秀

（2007）的方法，本研究采用李克特量表（Likert scale，五级量表）衡量农户对农业生产风险的态度。

对调查数据进行统计可以得到表6.2。

表 6.2 统计性描述

变量类别	变量名称	变量设置及单位	参加政策性农业保险组（$N = 428$）	未参加政策性农业保险组（$N = 129$）
农户生产特征	化肥投入（FI）	亩均化肥投入数量（千克）	48.36	51.13
	农药投入（PI）	亩均农药投入数量（千克）	1.50	1.51
	复合肥投入（CI）	亩均复合肥投入量（千克）	47.63	49.28
	农作物播种面积（acre）	作物播种面积（亩）	3.92	3.41
	灌溉便利程度（WI）	耕种的农田100米以内是否有直接水源（有=1；无=0）	0.92	0.93
	农业生产风险态度（risk）	农户对于农业生产风险的态度（1-5）	1.89	2.01
农户基本特征	性别（sex）	户主性别（男=1；女=0）	0.92	0.93
	从事农业生产的时间（AT）	户主从事农业生产的时间（年）	9.39	12.35
	受教育程度（edu）	户主受教育程度（年）	11.52	9.53
	家庭人均收入（pincome）	家庭人均收入（万元）	0.89	0.82
农业自然特征	灾害风险（NR）	农户是否遭受过自然灾害影响（有=1；无=0）	0.58	0.59

根据表6.2可以初步发现，557户调查对象中，有428户居民参加了政策性农业保险，占样本总数的76.84%，这也表明该县政策性农业保险覆盖范围超过了全国48%的平均水平。从调查农户生产特征可以发现，参保组的亩均化肥和复合肥施用量低于未参保组农户，但是亩均农药使用两者却相差并不是非常大，这也初步证实了理论分析结果。并且参保组农户对于风险态度更偏向于保守，这也与国内外众多研究相似，风险更偏向于厌恶的农户更愿意参保。从农户基本特征来看，与未参保农户相比，参保

组农户耕地面积更大、受教育程度较高、人均收入相对较高,并且参加农业生产年份更短,这意味着农业生产经验在一定程度上可以降低农业生产风险带来的冲击(庹国柱,2009),但是这并不能说明农业生产经验可以完全抵御自然灾害冲击,当遇到较大农业生产风险冲击时,个人农业生产经验可能无法应对,这时就仍然需要政策性农业保险提供保障(钟甫宁,2006)。

6.2 政策性农业保险对农用化学品投入影响实证结果分析

6.2.1 基准回归结果分析

本书采用最小二乘法(ordinary least squares,OLS)作为基准回归模型,虽然自变量为二分虚拟变量,但相关研究(Ferreri Carbonell & Frijters,2004;Angrist & Pischke,2009)发现,只要模型设定正确,在回归分析中 OLS 也可以反映基本变量间关系这一结果,也可以为后续的统计推断提供支撑。按照逐步增加控制变量的方法进行回归分析,具体回归结果如表 6.3 所示,其中模型 1 和模型 2 中因变量为亩均化肥使用数量,而模型 3 和模型 4 的因变量为亩均农药使用数量。

表 6.3　　　　　　　基准模型 OLS 估计结果

项目	模型 1	模型 2	模型 3	模型 4
	FI	FI	PI	PI
$insurance$	-3.2501 *** (1.0151)	-1.1827 ** (0.5562)	0.0827 ** (0.0349)	0.0673 * (0.0387)
WI		-3.3614 *** (1.0821)		-0.0232 *** (0.0028)
$risk$		2.3681 ** (1.1302)		0.0109 ** (0.0051)

续表

项目	模型 1	模型 2	模型 3	模型 4
	FI	FI	PI	PI
sex		− 3. 0217 ** (1. 3253)		− 0. 0209 * (0. 0114)
edu		1. 0155 * (0. 5326)		0. 0081 ** (0. 0041)
pincome		5. 3284 ** (2. 1072)		0. 1009 *** (0. 0274)
AT		− 1. 8273 *** (0. 3829)		− 0. 0158 ** (0. 0076)
CI		0. 8937 *** (0. 2729)		0. 0327 * (0. 0198)
NR		5. 2361 * (2. 6981)		0. 0087 ** (0. 0037)
acre		− 1. 0328 * (0. 5514)		− 0. 0041 * (0. 0024)
constant	4. 6914 *** (0. 9174)	2. 3672 *** (0. 3694)	0. 1052 *** (0. 0359)	0. 0518 ** (0. 0235)
乡村固定效应	控制	控制	控制	控制
N	557	557	557	557
调整 R^2	0. 1208	0. 5487	0. 1659	0. 5228

注：括号内为标准差，＊、＊＊、＊＊＊分别表示在10%、5%和1%水平上显著。

根据回归结果可发现，模型 1 和模型 2 中，关键自变量（*insurance*）前的系数为负，并且至少通过了 1% 水平的显著性检验。当加入其他自变量后，虽然显著性程度下降到 5%，但是系数符号的方向没有发生改变，这也初步证实了政策性农业保险对于化肥施用有显著负向影响。模型 3 和模型 4 中，关键自变量前的系数为正，在控制所有自变量的条件下，关键自变量前系数方向并没有发生改变，但是显著性程度却下降至 10% 上显著，出现显著偏差。其可能的原因在于，简单 OLS 回归分析可能无法避免自选择问题，从而造成估计偏误（Heckman，1979）。其他控制变量前系数与先前研究结论相似。偏好风险、具有良好水利条件、务农时间较长的男性农户更愿意减少化肥和农药施用数量。可能原因在于务农时间越长其掌握的农业生产经验就越多，水利条件越好越有利于应对可能农业生产风险，这些因素保证农民可以有效地应对自然风险对农业生产活动的冲击强度，农户出于利益最大化考量，就会降低对化肥和农药使用（Quiggi，1993）。相对而言，受教育程度越高、家庭人均收入越高农户却增加对农药和化肥使用数量。其可能的原因在于，受教育水平较高、收入水平较高的农户对于农用化学要素价格越不敏感，出于机会成本的考量，倾向于使用更多的要素投入减少劳动时间投入。需要特别说明的是，农作物播种面积越大，农户越可能减少亩均化肥和农药使用。其中一种可能的原因在于，农业生产的规模效应影响，播种面积越大农户越倾向于专业化种植，可以一定程度上减少化肥和农药施用数量（付小鹏，2017）；另一种可能的原因在于，化肥、农药的消费并非零售，而是按照一定包装规格出售，拥有耕地面积较小的农民出于"不浪费"目的，可能会把多余化学药品施用到自有土地进而造成过量施用（国务院发展研究中心"十二五"规划研究课题组，2010）。

6.2.2　倾向得分匹配估计结果分析

6.2.2.1　倾向得分匹配估计结果

本书引入倾向得分匹配（PSM）方法来验证以上回归结果的稳定性。该方法优势在于，可以利用观测到的信息来降低因果推断过程中的估计偏误（郭申阳，2012）。在具体操作过程中，倾向得分匹配存在多种匹配方法，如一对一匹配、k 最近邻匹配、半径匹配、核函数匹配等。但在理论正确的前提下，无论采取何种匹配方法，估计结果都会倾向收敛于精确匹配，不会出现明显差异（Smith & Todd，2005；Vandenberghe & Rubin，2004）。但考虑到若采取一对一匹配方法，可能会损失将近 50% 的样本量，进而不利于得到稳健结果的获得。按照勒文和沙恩斯（Leuven & Sianesi，2015）的建议，本书从 K 最近邻匹配开始，同时结合半径匹配、核函数匹配的方法进行估计。与此同时，为了促使参保组和未参保组满足共同支撑条件，本书对匹配的带宽也进行了控制，以确保只有倾向得分都位于一定范围内的两组样本才能进行比较。具体实证结果如表 6.4 所示。

表 6.4　　　　　　　　　倾向得分匹配的估计结果

PSM 估计匹配方法	匹配参数	控制组：未参保农户 处理组：参保农户		控制组：未参保农户 处理组：参保农户	
		亩均化肥施用数量		亩均农药施用数量	
		ATE	共同支持样本量	ATE	共同支持样本量
k 最近邻匹配	k = 10；δ = 0.005	− 1.6827*** (0.4235)	477	0.0721 (0.0652)	451
	k = 10；δ = 0.01	− 1.6726*** (0.4138)	479	0.0672 (0.0547)	467
	k = 10；δ = 0.1	− 1.5932*** (0.4125)	482	0.0664 (0.0598)	467
半径匹配	R；δ = 0.001	− 1.6027*** (0.4267)	421	0.0705 (0.0567)	445
	R；δ = 0.01	− 1.5917*** (0.4134)	437	0.0672 (0.0581)	456
	R；δ = 0.1	− 1.5864*** (0.4326)	438	0.0641 (0.0523)	456
核函数匹配	k；epan；bw；0.01	− 1.7016*** (0.5204)	425	0.0697 (0.0649)	443
	k；epan；bw；0.03	− 1.6428*** (0.5106)	433	0.0684 (0.0652)	452
	k；epan；bw；0.06	− 1.6352*** (0.4561)	433	0.0679 (0.0571)	452

注：括号内为标准差，*、**、*** 分别表示在10%、5%和1%水平上显著。

从表6.4中PSM估计结果来看，在不同匹配方法与匹配带宽条件下，平均处理效应都十分稳定，没有太大浮动。这也表明，政策性农业保险对亩均化肥施用确实产生了一定程度影响，但是对农药使用影响却非常有限。具体而言，一方面，与未参保农户相比，参保农户会显著减少每亩化肥使用数量1.58~1.68千克。另一方面，针对每亩农药施用数量PSM分析结果显示，参保农户和未参保农户并没有表现出显著差别，在改变匹配方法和匹配带宽的条件下该结果依然不显著。以上结果进一步验证了理论分析的结论，政策性农业保险会显著减少风险减少型生产要素投入数量，但是对于农药这种风险增加型农业生产要素的使用没有影响，这也表明农药在我国农业生产环境中应该属于弱风险增加型生产要素。

6.2.2.2 平衡性检验

为确保匹配的有效性，需要对倾向得分匹配进行重叠性检验和平衡检验（张弛等，2018；Smith & Todd，2005），即检验协变量的倾向得分在处理组（参保农户）和对照组（未参保农户）之间不存在显著差异。为了检验得分倾向匹配的可靠性，分别进行重叠性和平衡性检验。绝大部分观测值都在共同的范围内，这也说明，在进行得分倾向匹配时的，样本损失较少，处理组与对照组重叠性较好。为验证匹配的平衡性，根据万海远（2013）的建议，本书选择协变量的双T检验和协变量匹配前后是否存在显著差异的p值检验，具体结果如表6.5所示。

表6.5　参保农户与未参保农户化匹配差异的平衡性检验

变量	样本	未参保农户	参保农户	双T检验 t统计量	偏误比例（%）	偏误降低比例（%）
WI	匹配前 匹配后	0.9351 0.9207	0.9267 0.9261	0.03 -0.17	-18 0.2	99.1
risk	匹配前 匹配后	2.4651 2.1347	1.8972 2.0735	2.36 0.36	0.5 -1.2	-131.8
sex	匹配前 匹配后	0.9406 0.9302	0.9217 0.9301	1.34 0.51	22 -0.9	96

变量	样本	未参保农户	参保农户	双 T 检验 t 统计量	偏误比例 （%）	偏误降低 比例（%）
edu	匹配前 匹配后	9.5572 10.5837	11.6872 10.9974	-1.98 -0.05	35.5 0.6	98.3
pincome	匹配前 匹配后	0.7825 0.8076	0.9074 0.8297	-6.04 -1.03	-12.1 -0.4	97
AT	匹配前 匹配后	13.6872 12.2697	11.4856 12.0687	1.97 0.15	2.7 0.3	93.1
CI	匹配前 匹配后	49.3609 48.2038	47.0368 48.0635	3.68 0.26	-8.4 0.4	85.7
NR	匹配前 匹配后	0.5906 0.5894	0.5879 0.5892	2.21 0.06	-6.9 1.7	90.5
acre	匹配前 匹配后	3.6039 3.6802	3.8527 3.8021	-2.71 -1.28	12.9 -0.6	95.5

	MeanBias	LR chi2	P > chi2
匹配前	6.3	102.37	0.000
匹配后	0.6	6.38	0.998

从以上平衡检验结果可以发现，农业生产风险态度、受教育年限、人均可支配收入、从事农业生产活动时间、农作物播种面积、遭受农业生产风险冲击等的协变量在匹配前后，两组之间的差别显著异于零。同时匹配前的协变量联合分布检验的 p 值很小，这也表明在实施"匹配前"处理组（参保农户）与控制组（未参保农户）之间并不存在显著差异。经过匹配后，所有协变量偏误比例都下降到 2% 以下，大部分偏误降低比例也至少超过 80%，这也表明 PSM 的匹配方法已经显著降低处理组与对照组之间显著差异。且"匹配后"样本所有协变量的双 T 检验也不能拒绝处理组与控制组之间协变量分布差异为零的原假设。同时，匹配后协变量联合分布检验的 p 值接近于 1，这也说明匹配后两者之间协变量的分布是几乎一致的，并不存在显著异质性差异。根据万海远等人（2013）的研究，这样的结果基本达到了"控制 - 处理"准自然实验框架的要求。

6.2.3 内生转化模型结果分析

根据前文理论分析可知，政策性农业保险参保行为与农药化肥施用并不是同一时间完成，而是两个显著存在时间差的行为。因此，简单地将相关因素加入回归方程，不可避免就会产生自选择偏误问题，也就是回归方程中存在共同影响参保行为和化肥农药使用量的变量。PSM虽然可以部分解决内生性问题，但是遗漏变量问题依然存在，这时内生转化模型可以同时缓解以上两种问题带来的估计偏误程度。表6.6和表6.7分别展示了以亩均化肥施用量（FI）和亩均农药施用量（PI）为因变量的内生转化估计模型结果。

表6.6　　政策新农业保险参保方程与化肥施用量方程的估计结果

主表变量	影响方程（因变量：亩均化肥施用量）		参保方程
	参保农户	未参保农户	
WI	-3.7821 ** (1.9125)	-3.6217 ** (1.7824)	-0.0121 ** (0.0053)
$risk$	-2.4572 * (1.3367)	-2.3721 * (1.4301)	-0.0821 * (0.0432)
sex	-4.0375 (2.6682)	-3.7591 ** (1.6917)	0.2850 * (0.1671)
edu	1.1527 ** (0.5827)	1.0368 ** (0.5024)	-0.0173 * (0.0103)
$pincome$	5.1068 ** (2.5204)	5.2214 * (2.9871)	0.2041 *** (0.0712)
AT	-1.6522 (1.0352)	-1.7584 (1.0667)	0.0247 ** (0.0122)
CI	0.8725 ** (0.4327)	0.8874 ** (0.4427)	— —
NR			0.0371 ** (0.0176)

主表变量	影响方程（因变量：亩均化肥施用量）		参保方程
	参保农户	未参保农户	
acre	− 1. 2258 ** (0.5874)	− 1. 5425 ** (0.6872)	0. 1036 ** (0.0411)
constant	2. 6674 *** (0.2535)	3. 2681 *** (0.3369)	0. 2845 *** (0.1022)
*Rho*1	− 0. 7924 *** (0.2021)		
*Rho*2		0. 7721 *** (0.2322)	

注：括号内为标准差，* 、** 、*** 分别表示在 10% 、5% 和 1% 水平上显著。

表 6.7   政策新农业保险参保方程与农药施用量方程的估计结果

主表变量	影响方程（因变量：亩均农药施用量）		参保方程
	参保农户	未参保农户	
WI	− 0. 0241 *** (0.0046)	− 0. 2101 *** (0.0758)	− 0. 0212 *** (0.0053)
risk	− 0. 0085 * (0.0042)	− 0. 0076 * (0.0033)	− 0. 0822 * (0.0432)
sex	− 0. 0217 (0.0352)	− 0. 0195 (0.0181)	0. 0214 (0.167)
edu	− 0. 0103 * (0.0054)	− 0. 0087 * (0.0047)	− 0. 0173 * (0.0103)
pincome	0. 1117 *** (0.0327)	0. 0984 *** (0.0286)	0. 2042 *** (0.0712)
AT	− 0. 0148 * (0.0085)	− 0. 0099 * (0.0052)	0. 0242 ** (0.0122)
CI	0. 0316 ** (0.0142)	0. 0335 ** (0.0156)	— —
NR			0. 0372 ** (0.0177)

续表

主表变量	影响方程（因变量：亩均农药施用量）		参保方程
	参保农户	未参保农户	
acre	− 0.0037 * (0.0021)	− 0.0044 * (0.0026)	0.0916 ** (0.0451)
*Rho*1	− 0.591 *** (0.0721)		—
*Rho*2		0.8241 *** (0.1312)	—

注：括号内为标准差，＊、＊＊、＊＊＊分别表示在 10%、5% 和 1% 水平上显著。

根据表 6.6 和表 6.7 中的参保方程可以发现，户主务农时间越长、防灾设施越完备、风险偏好越高、收入水平越低的农户越倾向于不参加政策性农业保险，其中可能的原因在于务农经验的增加、防灾设施的完备可以降低农业生产风险的冲击，削弱其对政策性农业保险的需求。相对而言，家庭收入也是影响参保重要因素，虽然有政府的保费补贴，但是每亩 50 多元保费支出对于务农农民而言也属于一项支出。与此同时，表 6.6 和表 6.7 中最后两行 Rho1 和 Rho2 为影响方程误差项相关系数，根据相关研究（Abdulai & Huffman，2014；Lokshin & Sajaia，2004），若这两项系数显著，则意味着存在自选择问题，参保与否并非随机产生，而是农户根据参保前后收益而作出的自选择决策。另外，Rho1 为负，说明选择性偏差是正的，即化肥施用水平低于平均水平的农户，更倾向于选择参保。这也意味着参保行为估计存在典型的逆向选择问题。

本章关注的重点在于，农户参保行为对化肥、农药施用量的影响。经过内生转化模型处理后，具体结果如表 6.8 所示。参保农户亩均化肥投入量的平均处理效应（ATT）为 − 1.4203，并且通过了 1% 水平上显著性检验。而 ATU 的估计结果表明，若非参保农户能够有机会参与政策性农业保险，则其亩均化肥投入量将减少 0.86 千克。对比两项结果后发现，ATT 的绝对值显著大于 ATU，这也进一步证明了农业保险参保行为促使农户减少化肥施用数量。相对而言，如表6.8所示，参保农户亩均农药的平均处理效应（ATT）为-0.0652，但是未通过至少10%水平上的显著性检验。并且ATU结果也表明，即使未参保农户参与政策性农业保险也不会显著降低农药施用数量，农业保险参保对农户农药使用数量却没有显著影响，这也恰恰说明政策性农业保险推广并不会显著降低农药施用量。

表6.8　农户参保对亩均化肥农药投入量的平均处理效应的影响

项目	相关参数	内生转化模型（ESR）
亩均化肥投入量	ATT	-1.4203 *** （0.1024）
	ATU	-0.8674 *** （0.2503）
亩均农药投入量	ATT	-0.0652 （0.0471）
	ATU	-0.0753 （0.0434）

注：括号内为标准差，*、**、***分别表示在10%、5%和1%水平上显著。

6.3　本章小结

本章节以2019年粮食主产区河南省SQ县四个乡镇557户粮食种植用户为研究对象，运用得分倾向匹配、内生转化模型等因果识别方法，从理论和实证两个角度研究了政策性农业保险推广对农户化肥、农药施用量的影响。研究结果显示，政策性农业保险推广显著降低了农户化肥施用数量，但对于农药施用量的影响并不十分明显。除了理论分析中化肥和农药本身的风险性质外，道德风险也可能是造成以上结果的原因，但道德风险影响所占比例仍需进一步研究，当然这也是未来笔者研究的方向。以上研究结论的政策性含义也非常明显。一方面，政策性农业保险施行可以部分减轻农村面源污染的程度，提升农村可持续发展能力，因此政府应继续推广政策性农业保险，提高保险覆盖范围与保险深度；另一方面，化肥施用量降低也意味着政策性农业保险可能面临道德风险影响，也就是，参保农民会降低农业生产要素投入规模，这显然不利于农业生产水平的上升。因此在推广政策性农业保险的基础上，应审慎地调整政策性农业保险部分赔偿条款，增加对政策性农业保险政策推行、损失裁定、理赔过程等重要环节监管力度，最大程度降低农民道德风险带来负面影响，以提升政策性农业保险对农业生产的积极影响。这也是该制度未来完善的方向。

第 7 章

政策性农业保险对粮食产量
影响的实证分析

粮食生产事关国运民生，维系经济发展和社会的稳定，是国家安全稳定的重要基础。但是农业粮食生产同时也是深受自然灾害冲击的行业（费友海，2005）。对农业先进技术应用不够广泛且绝大部分生产区域位于自然灾害高发地区的我国农业生产而言，自然灾害对我国农业生产冲击程度非常大。国家统计局数据显示，2018 年，我国农作物受灾面积 20814.3 千公顷，其中绝收 2585 千公顷，直接经济损失达到 2700 多亿元，灾害风险已经成为影响我国农业生产安全的障碍。对于农民而言，仅依靠自身的力量已无法完全抵御自然灾害、风险冲击，所以农业保险也就成为绝大多数农民应对自然灾害、维护农业生产安全的重要选择（梁平，2007）。从国外农业保险发展实践来看，若没有公共财政支持，农业保险难以维持经营和发展（Smith & Glauber，2012）。为提高农业保险覆盖面、扩充保险基金存量，提升农户对农业保险的购买意愿，经历农业保险初期实践失败的西方发达国家相继提出以政策性补贴为重要特征的政策性农业保险，并且取得了积极效果。通过公共财政支持农业保险发展，维护粮食生产稳定，已经成为世界各国反哺农业的一种重要形式（张伟，2013），同时这也是维持国家稳定、和谐发展的政策工具（庹国柱，2011）。

那么，我国自 2007 年开始试点、2013 年正式确立的政策性农业保险制度是否达到了分散农业生产风险，稳定粮食生产，避免出现过度波动的政策目的呢？本章将使用首批试点的 6 省份 328 个县市 2007 年前后数据来回答这一问题。在 4.3 节的理论分析基础上，本章采用双重差分（DID）、双重差分倾向得分匹配（PSM – DID）因果识别策略，实证分析农业保险试点对农业粮食产量的影响，尤其是受灾后粮食生产恢复的影响。需要特别指出的是，本章之所以采用首批县级试点数据并选择 2007 年试点前后两年的研究窗口，主要是因为研究时间窗口越窄，实证研究可以尽可能降低其他事件对粮食生产的影响，精准定位政策性农业保险对粮食产量的影响，减少估计偏误，提升研究结论的稳健性。

7.1 实证策略、数据来源及变量的选取

7.1.1 实证策略

本研究使用倾向匹配与双重差分相结合的定量分析方法，使用这种方法的目的是在没有进行实验的基础上，通过匹配和双重差分的处理，取得一种类似实验的效果，实现一种类似反事实估计的结果（counter-factual estimation），从而能够相对"干净"地得到农业保险补贴试点是否提升农业粮食产出水平的研究结论，即处理组平均处理效应（ATT）。其中基期对处理组和实验组进行匹配处理，通过控制两类县各类特征的方法，一定程度上控制了两类县的异质性，从而实现在基期处理后处理组和控制组更加逼近自然实验，为反事实估计筛选了样本。使用双重差分方法主要是为减去不随时间改变的两组差异及时间效应影响，进而得到政策冲击变量的净效应。

基础计量模型如下：

$$Y_{it} = \beta_0 + \beta_1 \times Treat \times t + \beta_2 \times Treat + \beta_3 \times t + \varepsilon_{it}$$
$$s.t.\ i = 1, \cdots, n;\ t = 1,2 \tag{7.1}$$

其中：Y 为粮食产量；β_0、β_1、β_2、β_3 为待估参数；ε_{it} 为误差项；t 为政策变动时间，一般为政策前后两期，取值为 1 和 0，表示政策实施前后，1 表示政策实施后，0 为政策实施前；$Treat$ 为政策处理变量，取值为 1 或 0，1 表示受到政策影响，0 表示没有受到政策影响。交乘项估计参数 β_1 被用来解释政策处理组和控制组的差异，反映了农业保险补贴试点前后所造成的政策处理效果，原因如下：对于处理组（也即是 $Treat=1$）而言，试点前的粮食产量变化为 $\beta_0 + \beta_2$，试点后该数据变化为 $\beta_0 + \beta_1 + \beta_2 + \beta_3$；相对而言，控制组（也即是 $Treat=0$）试点前，粮食因变量的变化为 β_0，试点后的粮食变化量为 $\beta_0 + \beta_3$。试点前后变量变化为 β_3。因此，农业保险所产生的影响：

$$ATT = \beta_1 + \beta_3 - \beta_3 = \beta_1 \tag{7.2}$$

即交叉项系数，这也是本研究想得到的政策处理效应。更进一步，考虑到粮食产量增长率还受到其他变量如当地经济情况、农业生产条件和区域特征因素的影响，因此，引入适当的控制变量。双重差分若能得到稳健的结果，需要满足：政策冲击前，处理组和对照组有相似的变化趋势。若未达到该条件，以上估计的结果可能有偏，造成实证结果不稳健。为了缓解研究样本关键变量接受处理前变动趋势不一致的问题，本书借鉴毛捷（2011）的处理方法，将倾向得分匹配的研究方法，引入双重差分的定量分析过程中。通过倾向得分匹配的方法比较两组对象的多维标准，利用倾向得分将多维降为一维标准，然后将倾向得分较为接近的研究对象进行对比。根据以上方程进行双重差分处理，通过匹配的方法最大程度降低估计偏差，尽可能精确估计政策实施产生的影响。

当得分倾向匹配方法引入双重差分模型中，处理组平均处理效应（ATT）的估计方程可以写成：

$$ATT = E(Y_{T_1 i} - Y_{T_1 i} \mid Treat = 1) - E(Y_{Ct_1 i} - Y_{Ct_0 i} \mid Treat = 1)$$

$$(7.3)$$

其中，$E(Y_{Ct_1 i} \mid Treat = 1)$ 为反事实效应，无法观测，通过第一步匹配后，基本可以实现控制组和实验组的政策实施协变量均值相等，即 $E(Y_{T_0 i} \mid Z) = E(Y_{Ct_0 i} \mid Z) = E(Y_{Ci} \mid Z)$，由于协变量 Z 为条件均值相等，达到条件后，是否试点就可以被看作一种随机分配。在不同宽度的条件下，控制组定能找到个体与之匹配，此时可以将近似的个体进行比较选择性而得到不偏倚估计结果。罗森鲍姆和鲁宾（Rosenbaum & Rubin，1983）认为，经过倾向得分匹配之后，在基期，处理组和控制组匹配不再具有统计意义上的差异：

$$ATT = E(Y_{T_1 i} - Y_{T_0 i}) - E[Y_{Ct_1 i} - Y_{Ct_0 i} \mid pr(T = 1 \mid Z)] \quad (7.4)$$

进而通过双重差分得到政策干预的净效果：

$$ATT = PSM + DID = [(Y_{T_1 i} - Y_{T_0 i}) - \sum w_{(i,j)}(Y_{Ct_1 j} - Y_{Ct_0 j})] N^{-1}$$

$$(7.5)$$

式（7.4）和式（7.5）中，T 表示处理组，C 表示控制组，t_1 表示政策实施后，t_0 表示政策实施前，i 表示处理组第 i 个县，j 表示控制组第 j 个县，w 表示 PSM 方法得到的权重，N 表示匹配成功得到的县数。

7.1.2 数据及变量的选取

本书使用的数据包括吉林、内蒙古、四川、江苏、湖南、新疆 6 省份部分县和县级市（共计 328 个）2006～2008 年的相关农业生产经济数据。数据来源为各省份统计年鉴、中国区域统计年鉴、中国县域统计年鉴和地方政府网站和文件。之所以选择政策性农业保险第一批试点省份中县级单位作为研究对象，主要是因为根据第一批试点省份公布的农业保险试点推广政策显示，这些省份内部并非所有区县都在当年展开政策推广，而是在省内部分区县首先进行前期试点，若直接采取省级数据进行分析，可能会低估政策所带来的影响。当然，为提高实证结果的准确性，本书剔除了在2006 年前就已经自行组织农业保险保费补贴试点的县市。余下县市就成为本研究研究对象，在所有样本中，处理组有 213 个区县，控制组有 115个区县，变量的描述性统计结果如表 7.1 所示。

表 7.1   主要变量描述性统计

变量名	定义	样本量	均值	标准差	最小值	最大值
lnoutput	粮食产量的对数	1312	11.2264	3.7301	9.3545	12.7550
Treat	农业保险补贴试点的虚拟变量	1312	0.6646	0.4725	0	1
yz	农民人均纯收入增长率	1312	12.6074	5.6002	-17.5305	53.2250
rk	农村人均的全社会固定资产投资	1312	0.9445	1.4283	0.0758	13.8618
rd	人均耕地面积	1312	0.2476	0.7615	0.0161	15.0431
nj	人均农业机械总动力	1312	3.14403	2.6869	0.23525	66.4084
jy	乡村就业率	1312	0.5839	0.1266	0.1956	1.2689
csh	城市化水平	1312	0.2799	0.1739	0.0012	0.9959
gdp23	产业结构（二三产占比）	1312	0.7307	0.1189	0.3646	0.9937
ddd	2007 年是否受灾	1312	0.1905	0.3930	0	1

资料来源：笔者整理统计年鉴数据而得。

本书选择粮食①产量的对数（lnoutput）作为关键因变量。之所以选择粮食产量作为农业产出关键因变量，主要是因为：粮食产量一直都是农业生产参与各方关注的焦点，减少农业生产风险对粮食生产的冲击，稳定农业粮食产量也一直是农业保险政策重要目标。因此，以粮食产量作为政策性农业保险对农业生产行为影响的研究对象，具有深刻现实意义和价值。

关键变量：农业保险补贴试点变量和是否受灾变量。

---

① 本书所指粮食主要是指谷类作物，包括小麦、水稻和玉米三类。

（1）农业保险补贴试点（*Treat*）变量为虚拟变量，数据获取的渠道主要是当地政府网页和地方性农业保险试点相关政策性文件。若出台明确农业保险补贴政策文件，则确定其为试点区县，定值为1；未提出财政补贴方案定为0。从均值来看，在上述6个农业保险补贴试点省份中，超过一半的县市（6%）都推行了财政补贴农业保险的政策。

（2）受灾变量（*ddd*）。数据获得主要是参考2006～2007年各省份的气象管理部门公开发布的受灾地图，结合所考察县市地理位置，确定该县市是否在当年受灾。从均值的角度来看，该变量均值约为0.2，这也说明在2007年，在首批参与农业保险补贴试点省份中，大约1/5县市在2007年受到自然灾害影响。选择2007年受灾数据作为关键受灾变量有两个方面原因：首先，绝大部分（80%）农业保险补贴试点地区开始试点始于2007年年中，农作物受灾后勘灾赔付是2008年开始，为检测农业保险的能否帮助农民应对灾害风险应搜集2007年受灾数据。其次，首批农业保险试点省份中，2007年未参与农业保险试点的区县自2008年也开始进入试点范围，所以选择2007年灾害数据可以最大程度确保结果准确性，精确测量农业保险补贴政策对农民粮食生产行为产生的政策影响和作用。

7.2 政策性农业保险对粮食产量影响的实证结果分析

7.2.1 单变量分析

表7.2列出了政策性农业保险试点期间，参与试点和未参与试点条件下，不同区县粮食产出的差异性分析结果。同时为了分析政策性农业保险对农业生产风险应对，将所有区县划分成2007年受灾地区和未受灾地区。

表 7.2　处理组与对照组在政策性农业保险试点前后的粮食产出水平差异

项目	对照组		处理组		Difference		DID
	试点前 (1)	试点后 (2)	试点前 (3)	试点后 (4)	(5) = (2) - (1)	(6) = (4) - (3)	(7) = (6) - (5)
全样本	10. 6064	10. 7573	10. 6149	10. 8903	0. 1509 *** (4. 1256)	0. 2754 *** (6. 3258)	0. 1065 *** (3. 9629)
2007 年受灾地区	10. 3554	10. 2025	10. 3675	10. 3476	- 0. 1529 *** (5. 3698)	- 0. 0199 *** (7. 2961)	0. 1331 *** (3. 8852)
2007 年未受灾地区	10. 6532	10. 8561	10. 7876	11. 0894	0. 2029 *** (3. 2926)	0. 3018 *** (6. 3846)	0. 0989 *** (2. 7794)

注：＊、＊＊、＊＊＊分别表示在 10%、5% 和 1% 水平上显著，括号内的数值为 t 值。

在政策性农业保险政策试点后，对照组与处理组的粮食产量对数都出现明显上升，且都在 1% 水平显著。这也说明粮食产量可能具有时间序列趋势的影响，若不考虑时序因素的作用，可能无法识别出政策性农业保险对农民粮食产出水平的真正影响。表 7.2 中的列（7）给出了处理组差异减去对照组差异，以减去时序上变动的影响，结果发现，粮食产出水平的双重差分的数值为正，且在 1% 水平上显著，这也初步说明了，政策性农业保险有助于提升试点地区的粮食产出水平。进一步的分析可以发现，这种促进作用对于 2007 年受灾地区更加明显，这也从侧面说明政策性农业保险对受灾后粮食生产恢复所产生的作用。

7.2.2　双重差分及 PSM 后双重差分的估计结果分析

根据方程式（7.1），分别以 2006 ~ 2007 年、2005 ~ 2008 年两个区间，分别进行双重差分实证分析，同时进一步将 2007 年是否遭受自然灾害影响纳入分析框架，具体结果如表 7.3 所示。

表7.3 双重差分估计结果

项目	2006～2007 年双重差分检验			2005～2008 年双重差分检验		
	全样本	2007 受灾	2007 年未受灾	全样本	2007 受灾	2007 年未受灾
$T \times Treat$	0.0754 ***	0.0842 **	0.0514 **	0.0766 ***	0.0823 **	0.0401 **
	(3.8641)	(2.2854)	(2.1589)	(4.2698)	(2.2284)	(2.2087)
T	0.0036 *	0.0024 *	0.0041	0.0028 *	0.0033	0.0021
	(1.8724)	(1.6725)	(1.5874)	(1.8892)	(1.5203)	(1.6258)
$Treat$	−0.0677 **	−0.0852 *	−0.0673 *	−0.0759 *	−0.0684	−0.0804 *
	(−2.2024)	(−1.8527)	(−1.9244)	(1.9025)	(1.2358)	(1.7029)
$Control$	控制	控制	控制	控制	控制	控制
常数项	−6.3357 ***	−5.2398 ***	−7.2652 ***	−7.2537 ***	−6.3281 ***	−7.7953 ***
	(−5.3267)	(−6.3251)	(−5.1472)	(−6.3251)	(−5.3368)	(−4.2529)
N	756	142	614	1312	284	1228
调整 R^2	0.3147	0.3528	0.2994	0.3359	0.3762	0.3139

注：* 、** 、*** 分别表示在10%、5% 和1% 水平上显著，括号内的数值为 t 值。表中控制变量包括：农民人均收入增长、农村人均社会固定资产投资、人均耕地面积、人均农业机械总动力、乡村就业率、城市化水平、产业结构以及区县虚拟变量。

根据表7.3可以发现，$Treat$ 与 T 交乘项的系数为正且通过了至少5%水平上的显著性检验。这一结果表明：相对于未试点区县，试点地区农民的粮食产出水平要高，政策性农业保险实施显著提升了农民粮食产出水平。当把研究时间节点拉长到2005～2008年，交乘项的系数为正且有小幅度提升，也至少通过了1%水平上的显著性检验。这一结果进一步证实了假设5。进一步考虑受灾差异，$Treat$ 与 T 交乘项的系数无论在受灾样本中还是在未受灾样本中都显著为正，且未受灾样本交乘项的系数大小及显著性程度都低于受灾样本，这也表明政策性农业保险对受灾样本中粮食产出水平的影响更大。

总体而言，首先，政策性农业保险可以提升农业的产出水平。根据以上理论分析的结论可知，试点地区农户得益于政策性农业保险这个风险管理工具，该制度分担了农户农业投入风险，增加了农户农业投入的信心，在现有生产技术条件下，投入水平的增加自然会带来产出水平的提升。其次，政策性农业保险对受灾地区粮食产出水平提升影响更大。可能的原因在于，相对于非试点地区，试点地区农户在遭受自然灾害冲击后，可以通过保险公司获取更多损失赔偿，从而可以将更多资金用于粮食生产恢复，而未参保地区就无法获得这部分保险赔偿。所以，未参保地区用于农业恢复的资金就会变少，粮食生产恢复程度不足，显然不利于下一阶段粮食产量的增加。

双重差分估计方法结果要估计"干净"的政策效应需要满足处理组和控制组在基期的状态是相似的，也就是，政策冲击前，处理组和实验组有共同的时间趋势（陈林，2015）。而如果两组在初始状态趋势不同，双重差分就无法获得无偏的估计，也就无法验证农业保险是否能够帮助农民抵御灾害风险的结果。在这种情况下，本章选择 PSM – DID 的方法，以期能够最大限度降低因为非实验环境造成的实证结果的非稳健的问题（刘国恩，2016）。为了保证结果稳健，本书进一步使用了倾向得分匹配方法对处理组与对照组进行了匹配。首先本书以农民人均收入增长（yz）、农村人均社会固定资产投资（rk）、人均耕地面积（rd）、人均农业机械总动力（nj）、乡村就业率（jy）、城市化水平（csh）、产业结构（$gap23$）作为协变量对研究对象是否进入处理组进行 Probit 回归，以推测其进入处理组的倾向得分，然后采用最近邻匹配的方法进行一对一有放回的匹配①，最后按照方程式（7.5）的方法进行回归，具体结果如表 7.4 所示。

表 7.4   PSM – DID 的估计结果

项目	2006～2007 年双重差分检验			2005～2008 年双重差分检验		
	全样本	2007 受灾	2007 年未受灾	全样本	2007 受灾	2007 年未受灾
$T \times Treat$	0.0788 *** (3.7028)	0.0901 ** (2.2701)	0.0423 ** (2.0915)	0.0784 *** (3.2374)	0.0851 ** (2.2028)	0.0421 * (1.8872)
T	0.0041 * (1.8627)	0.0026 * (1.6629)	0.0042 (1.5759)	0.0033 * (1.8771)	0.0041 (1.5108)	0.0028 (1.5811)

①　因数据点相对较少，最近邻匹配一对一无放回匹配可能损失较多数据量，按照本书因本斯（Imbens，2013）的建议，可以采用有放回的方法，降低数据点损失比例。

续表

项目	2006～2007 年双重差分检验			2005～2008 年双重差分检验		
	全样本	2007 受灾	2007 年未受灾	全样本	2007 受灾	2007 年未受灾
$Treat$	-0.0721 ** (-2.3681)	-0.0892 * (-1.9025)	-0.0685 * (-1.6822)	-0.0772 * (-1.8971)	-0.0701 (-1.2257)	-0.0794 * (-1.7122)
$Control$	控制	控制	控制	控制	控制	控制
常数项	-6.3859 *** (-5.3267)	-5.3394 *** (-6.3251)	-6.2337 *** (-5.1472)	-7.3359 *** (-6.3251)	-6.6471 *** (-5.4329)	-7.7562 *** (-4.4435)
N	677	134	543	1165	147	1018
调整 R^2	0.3149	0.3531	0.3007	0.3361	0.3763	0.3141

注：*、**、*** 分别表示在 10%、5% 和 1% 水平上显著，括号内的数值为 t 值。表中控制变量包括：农民人均收入增长、农村人均社会固定资产投资、人均耕地面积、人均农业机械总动力、乡村就业率、城市化水平、产业结构以及区县虚拟变量。

根据表 7.4 可知，经过 PSM 之后，双重差分的检验结果和表 7.3 中双重差分结果相似，交乘项的系数方向没有变化仍为正，而且至少通过了 10% 水平上显著性检验。与此同时，受灾地区的影响程度和显著性程度更高，这一结果进一步验证了政策性农业保险试点有助于提升试点区县的粮食产出水平，并且有助于受灾地区农民粮食生产恢复。

7.2.3　政策性农业保险对粮食产量影响的机制检验

根据 4.3 节理论分析可知，政策性农业保险影响农业产出水平的主要渠道是通过调整农户农业投入水平来影响农业产出水平，即，试点地区农户倾向于增加农业投入最终带来农业产出水平的提升。为了验证这一机制是否存在，本书分别选择农村人均社会固定资产投资（rk）、人均农业机械总动力（nj）两变量作为农户投入水平的替代变量。根据杨晓优（2015）的研究，农村人均社会固定资产投入代表着农村和农户对农业生产的实物投入水平，而人均机械总动力则代表从改进农业生产工具角度反映农业的投入水平。基于以上分析，本书构建如下模型：

$$\ln output_{i,t} = \alpha + \beta_1 Treat_i \times T \times rk_{i,t} + \beta_2 Treat + \beta_3 rk_{i,t} + \beta_4 T + \gamma_{i,t} X_{i,t} + \varepsilon_{i,t}$$

$$(7.6)$$

$$\ln output_{i,t} = \alpha + \beta_1 Treat_i \times T \times nj_{i,t} + \beta_2 Treat + \times \beta_3 nj_{i,t} + \beta_4 T + \gamma_{i,t} X_{i,t} + \varepsilon_{i,t}$$

$$(7.7)$$

以上模型中，主要关注 β_1 和 $\beta_1 + \beta_3$ 的符号。其中：β_1 是衡量了相对于非试点区县和试点区县的人均固定资产投资、人均机械总动力增加后对农业产出水平影响的增加量；$\beta_1 + \beta_3$ 则衡量试点区县中，人均固定资产投资、人均机械总动力两个中介因素增加后对农业产出水平的影响；$X_{i,t}$ 为其他控制变量。根据式（7.6）和式（7.7）进行回归，具体结果如表7.5所示。

表7.5 农业投入机制与农业产出

项目	全样本	2007 受灾样本	2007 未受灾样本	全样本	2007 受灾样本	2007 未受灾样本
$Treat \times rk \times T$	1.2108 *** (3.0841)	1.3051 * (1.0255)	1.1364 *** (4.8829)			
Rk	0.1764 ** (2.2384)	0.0255 (1.3722)	0.2421 ** (2.0368)			
$Treat \times nj \times T$				0.8827 * (1.8522)	0.7021 (1.1228)	1.0224 ** (2.0871)
Nj				0.0352 ** (2.2384)	0.1429 * (1.9377)	0.0323 ** (2.0722)
$Treat$	−0.0619 (−1.2259)	−0.0814 (−1.2027)	−0.0607 (−1.6108)	−0.0772 * (−1.8971)	−0.0701 (−1.2257)	−0.0794 * (−1.7122)
$Control$	控制	控制	控制	控制	控制	控制
常数项	−6.9887 *** (−5.3685)	−6.6582 *** (−5.8802)	−7.1657 *** (−4.5827)	−7.0252 *** (−6.3205)	−6.7581 *** (−5.5502)	−7.1252 *** (−6.9025)
N	1312	284	1228	1312	284	1228
调整 R^2	0.3025	0.3822	0.3208	0.3329	0.3882	0.3239
模型拟合系数的 F 检验 $\beta_1 + \beta_3$	1.1489 ** (2.0237)	1.2201 * (1.8874)	1.0757 *** (2.8569)	0.8055 *** (3.2985)	0.6320 ** (3.0287)	0.9430 (1.4026)

注：*、**、*** 分别表示在10%、5%和1%水平上显著，括号内的数值为 t 值。模型拟合系数的 F 检验中括号内数值为 p 值。

　　表 7.5 报告了农户固定资产投入及农用机械中动力投入与农业产出的检验结果。研究发现 $Treat \times rk \times T$ 和 $Treat \times nj \times T$ 前的系数都显著为正。这说明相对于未试点区县，试点区县对于农业投入更加敏感，也就是说明在面临相似农业生产风险条件下，试点区县对于农业投入更多。进一步，$\beta_1 + \beta_3$ 拟合系数的 F 检验显示，$Treat \times rk \times T$、rk、$Treat \times nj \times T$、nj 的系数全部为正，受风险地区的系数更大一些，但对于 $Treat \times nj \times T$、nj 联合检验，仅在受灾地区样本显著。

　　这一结果初步证实了政策性农业保险对农业生产效率有正负两方面的影响，总效应方向需要通过实证来证实。首先，政策性农业保险确实会通过农业生产投入这个途径来影响农业生产产出水平。前文 4.3 节中理论分析可解释这一现象，在一定程度上，政策性农业保险的施行可以减轻农业生产风险冲击，农业生产风险减轻也就意味着农户自身的农业投入实际损失概率会下降，在外部农业收益并未发生太大变化的条件下①，农户自然会增加农业投入，从而带动农业产出水平增加，最终实现自身利益提升。其次，相对于受灾地区而言，政策性农业保险通过农业投入来影响农业产出在受灾地区比未受灾地区表现更敏感。根据前文的分析，相对于未参与农业保险试点地区，试点地区的政策性农业保险可以为灾后农民提供一定比例的经济补偿，他们为了恢复之前粮食生产的规模，自然会有更高的意愿和更多的资金来恢复灾后农业生产条件。总之，政策性农业保险通过前期降低农业生产风险预期和灾后补偿损失两种作用机制，激励参保农户通过增加农业投入水平的途径来增加粮食产出水平。

7.3 稳健性检验

7.3.1 共同趋势检验

　　双重差分估计能否得到无偏或者接近一致的估计结果取决于其基本假

---

① 这里主要是指农产品市场中粮食产品价格并未出大幅波动。

设能否成立（David，2006）。其中一个重要的前提是，处理组和控制组在接受处理之前满足共同趋势。为进一步检验实证结果的稳健和双重差分模型的适当性，本书对研究对象进行了共同趋势检验。检验的具体结果如图 7.1 所示。

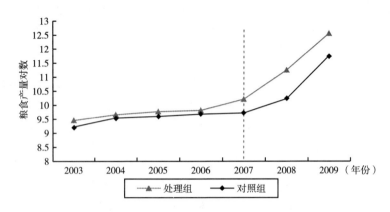

图 7.1　粮食产量对数的平行趋势检验

根据图 7.1 显示，处理组和对照组在 2007 年政策性农业保险试点前的粮食产量相差非常小，几乎保持相同的稳定增长趋势。而在政策性农业保险试点后，处理组和控制组的粮食产量虽都表现出明显的上升趋势，但是两者增长趋势却有非常明显的差异，处理组粮食产出水平明显要高于控制组的粮食产出水平。因此，本书使用双重差分模型来检验，政策性农业保险对农户粮食产出水平的影响是符合共同趋势假定。但是在 2009 年两者出现明显的收敛现象，其中可能的原因是，自 2008 年开始所有试点省份内的区县都进入了试点范围，政策性农业保险对产出提升作用也开始显现。

7.3.2　安慰剂检验

参照石大千（2018）的做法，本章引入安慰剂检验来进一步验证以上实证结果的稳健性。具体操作过程如下：首先将处理时间提前 1 年，也即是政策性农业保险的处理时间节点更改成 2006 年；其次在保持控制组和处理组不变的条件下，根据以下方程做实证回归分析；最后比较两者实证分析结果。若 $Treat \times t$ 交乘项显著，则意味着产出水平的变化并非直接来自政策性农业保险的影响，而是其他影响因素。若交乘项并不显著，则可以排除安慰剂效应，进一步证实以上实证结果。

$$\ln output_{i,t} = \alpha + \beta_1 Treat_i \times T_{2006} + \beta_2 Treat + \beta_3 \times T_{2006} + \gamma_{i,t} X_{i,t} + \varepsilon_{i,t}$$

$$(7.8)$$

式（7.8）中的控制变量与回归方程（7.1）保持一致，具体实证结果如表7.6所示。

表7.6　安慰剂检验实证结果

项目	2006~2007 双重差分检验		2005~2008 年双重差分检验	
	（1）	（2）	（4）	（5）
$T \times Treat$	0.0621 (1.1581)	0.0574 (1.0259)	0.0646 (1.2574)	0.0586 (1.3027)
T	0.0037 (1.1729)	0.0041* (1.8627)	0.0022* (1.7757)	0.0019 (1.1028)
$Treat$	-0.0709* (-1.8609)	-0.0688** (-2.1009)	-0.0658* (-1.8827)	-0.0557 (-1.2978)
$Control$	不控制	控制	不控制	控制
常数项	-7.0258*** (-4.3627)	-6.6032*** (-4.5262)	-6.9541*** (-8.7751)	-6.2549*** (-6.0224)
N	756	756	1312	1312
R^2	0.1774	0.3021	0.1891	0.3125

注：*、**、***分别表示在10%、5%和1%水平上显著，括号内的数值为 t 值。表中控制变量包括：农民人均收入增长、农村人均社会固定资产投资、人均耕地面积、人均农业机械总动力、乡村就业率、城市化水平、产业结构以及区县虚拟变量。

通过对照表7.4~表7.6可以发现，在保持处理组和对照组不变的条件下，若将处理时间提前一年，时间变量和处理变量的交乘项（$T \times$

Treat）前的系数并没有通过至少10%水平上的显著性检验。该结果表明，2006年政策提前变量确实不会对农户粮食产出产生显著影响，这也进一步验证了假设4-5的结论，即：政策农业保险试点显著提升了处理组粮食产出水平。

7.4　本章小结

我国政策性农业保险一直处于不断探索的过程中，其间因参保率较低等问题导致政策目标难以实现，政策性农业保险推广停滞不前。这种局面直到2007年才有所改善，当年中央政府首次明确中央财政对农业保险费进行财政补贴的责任，政策性农业保险开始进入快速发展期。但是财政补贴之后的政策性农业保险是否实现了保障粮食生产不出现太大波动的政策目标？该问题的回答不仅对参保农民、农业生产十分重要，而且对于政府政策性农业保险继续推广及后续政策调整和优化也至关重要。基于此，本章利用首批农业保险试点省份中不同试点区县实施的数据构建准自然实验研究框架，使用了双重差分以及倾向得分匹配后双重差分的定量分析方法，集中探讨了政策性农业保险实施是否有助于当地农民提高粮食产出水平以及当面临自然灾害时受灾农民能否利用农业保险赔付重新组织粮食生产这两个问题。

研究结果显示，首先，政策性农业保险实施显著提升了试点地区粮食产出水平，这种影响主要通过增加农户农业生产投入来实现。其原因在于政策性农业保险试点，将农业投入风险转移至农业保险公司，在投入收益并没有发生大幅度变化条件下，农户投入的预期产出水平增加，因此会增加前期农业投入水平，较高农业投入水平自然会带来农业粮食产出水平的提升，实证分析也证实了以上理论推论。其次，政策性农业保险有助于受灾地区恢复农业生产。实证结果表明，受灾地区中政策性农业保险试点区县粮食产出水平显著高于未试点地区，也就是说，在遭受灾害冲击的条件下，政策性农业保险试点区县粮食生产恢复速度明显高于未试点地区，这也是实施政策性农业保险的重要政策目标：协助受灾农户恢复农业生产，降低农业生产风险冲击程度。同时，以上结论都通过了稳健性检验。根据国外实践经验，政策性农业保险实施前期确实会对农业生产稳定起到实质性推动作用，但是随着政策性农业保险制度持续运行，逆向选择和道德风险、运行成本高、管理效率下降等一系列问题都可能出现，若无法从制度上减少这部分的影响，则肯定会对包括粮食生产在内的农业生产行为造成负面影响。因此，在政策性农业保险还处于良好运行状态的条件下，进一步考量如何优化农业保险管理程序、合理设立保险费率、降低运行成本以及如何推进下一步政策性农业保险试点等，也是政策性农业保险管理部门需要关注的重点。总之，政策性农业保险制度的建设和完善任重道远。

第 *8* 章

政策性农业保险对农业生产效率
影响的实证分析

农业生产作为人类社会最重要生产实践活动，其生产效率的提升不但影响农村经济发展与社会进步，更在国家宏观经济政策及产业政策调整方面发挥着重要的作用（马述中，2016）。但农业在其发展过程中一直会受到农业生产风险冲击和影响（Goodwin，2007），在没有其他主体分担风险的条件下，厌恶风险的农户往往会选择"小而全""多样化"的农业生产方式来应对可能发生的农业生产风险冲击，进而实现预期农业生产利润最大目标（卢华，2015），这种"低效率"生产方式在中国这种人均耕地面积少、碎片化严重的农业发展现状下表现得尤其突出。农户选择这种生产方式虽可以一定程度抵御农业生产风险的冲击，但这也意味着较低的生产积累能力，造成农户无法为下一期农业生产投入更多生产要素，自然无法提升预期产量，随着循环的进行，农户最终也会陷入生产水平的"均衡陷阱"中，这显然不利于整体农业生产效率的提升（付小鹏，2017）。农业生产风险冲击已经成为制约中国农业生产效率提升的重大障碍（马述忠，2016）。因此，如何进行有效的风险管理，提升农业生产抵御风险冲击的能力，也就成为提升农业生产效率重要的前提条件（Hazell，1992）。农业保险作为一种有效的农业生产风险分散机制，已经被绝大多数西方发达国家所接受，它主要通过将农业生产风险在农户和保险公司之间进行合理分配的方式，有效地降低农户农业风险冲击时损失的概率，并帮助受灾农户恢复基本生产，进而有助于农业生产效率提升。

那么，自 2007 年开始试点并于 2013 年正式施行的政策性农业保险是否达到了"提高农业生产抗风险能力"的政策目的，是否有助于提升农业生产效率，这些问题的回答不仅对于准确评估政策性农业保险的政策效果非常重要，而且对于我国农业生产效率的提升也有重要现实意义和理论价值。通过对相关文献进行梳理后，可以发现，现有国外文献对于农业保险如何影响农业生产效率并没有一致性的意见，而且作用机制研究也有非常大的差异；具体到国内的研究，也存在"错误地将 2007 年前后农业保险视为同一政策""忽视地方农业生产风险差异"等问题，这很可能会造成无法准确估计政策性农业保险对我国农业生产效率影响的后果，这不利于政策性农业保险实施效果的准确评估。基于此，本章采用 2000～2015 年省际面板数据，选取整体生产效率作为衡量标准，采用双重差分（DID）的识别策略和三阶段 DEA 分析方法来探讨政策性农业保险与农业生产整体效率之间的因果关系，从而为未来政策性农业保险的后续修订和完善提供理论和实证依据。

8.1　实证策略、数据及变量选取

8.1.1　实证策略选择

本研究使用双重差分的实证研究方法，该方法可以在没有随机实验的条件下，通过双重差分的处理而取得近似实验的效果，实现一种近似的反事实估计，最后通过估计得到政策近似效果即 ATT。该方法因为其科学性和普适性特征也被普遍运用在衡量一个政策实施效果的相关研究上。在具体分析政策性农业保险对农业生产效率影响时，本书按照是否进行了政策性农业保险试点，将所有省份分为已经进行试点的"处理组"（其政策处理变量 $D=1$），未进入试点范围省份定义为参照组（其政策处理变量 $D=0$）。同时设置 T 为时间变量，在该省份进行政策性农业保险试点之前 $T=0$，否则 $T=1$，由此建立双重差分模型如下：

$$Y_{it} = \alpha_0 + \beta_0 \times D \times T + \beta_1 \times D + \beta_2 \times T + \gamma X_{it} + \varepsilon_{it} \qquad (8.1)$$

式（8.1）中，Y_{it} 为 i 省份 t 年时的农业生产效率，α_0、β_0、β_1、β_2 和 γ 都为待估参数，X_{it} 为其他影响农业生产效率的控制变量，交乘项估计参数 β_0 最为重要，其反映了农业保险补贴试点前后所造成的政策效果。但是考虑到我国的政策性农业保险是分阶段分批次推进实行的，在 2007～2012 年的六年间分别完成了 31 个省区市的政策性农业保险试点工作，而模型式（8.1）仅能分析在同一时间点接受政策"处理的"差分模型。因此借鉴现有文献（Thorsten Beck，2010）的动态双重差分的研究方法，将式（8.1）改写成以下估计模型。

$$Y_{i,t} = \alpha_0 + \beta_0 D_{it} + \beta_1 D_i + \sum_i \beta_t \times T_t + \gamma X_{it} + \varepsilon_{it}; \ i = 1, \cdots, 30,$$
$$t = 2000, \cdots, 2015 \qquad (8.2)$$

其中，D_{it} 代表 i 省份在 t 年是否进入处理组，若进入处理组则该值为 1，若当年没有进入处理组则该值为 0；D_i 和 T_t 分别代表省份和时间虚拟变量，用来显示省份和年度的固定效应；X_{it} 为其他影响农业生产效率的控制变量；β_0 代表政策农业保险试点对农业生产效率的影响，若该系数为正且显著则表明政策农业保险试点有助于提升农业生产效率，若该系数为负且显著则说明在研究时间范围内，我国正在施行的政策农业保险试点不利于农业生产效率提升。

8.1.2 变量的选择

8.1.2.1 农业生产效率（Y）

农业是多投入、多产出的复杂产业类型，若仅考虑单一生产要素的投入以及总产出的关系，可能会遗漏关键信息而无法全面反映农业生产的总体效率（郭军华等，2010），而 DEA 方法的优点就在于可以用于评价多投入、多产出指标体系的系统，而且不需要预设指标之间的相关关系，同时可以避免人为设定权重而造成误差或错误（Charnes & Cooper，1994）。因此在测量农业生产总体效率时，本章主要采取 DEA 模型来对我国农业生产效率进行核算。借鉴钱丽（2010）的做法，按照传统的农业生产理论，农业生产投入要素主要包括土地、劳动以及资本。相对应地，本书选择农作物播种面积衡量土地要素的投入情况（刘玉勋等，2014），选取农业种植业从业人员衡量劳动要素投入情况（俞守华，2016），选取农业机械总动力衡量资本要素投入。另外选取农用化肥施用折纯量来衡量资本要素投入情况（马凤才，2008）。在产出方面，选取农业种植业总产值、农村人均可支配收入进行衡量（刘玉勋等，2014），其原因是在于，农业种植业总产值作为农业生产的直接结果，是衡量生产效果的最直接指标；农民收入受农业生产效率提高的间接影响，因此将农村人均可支配收入作为另一个产出变量列入模型中，可以使农业生产效率衡量更为准确。农业种植业总产值以及农村人均可支配收入已用各省区市的 CPI 指数进行处理，基期为 2000 年。由此，构建了一个四投入、二产出的生产效率评价体系。

用于衡量农业生产效率的 DEA 模型效率指数，其计算过程涉及表中所述的六项统计数据，采用能够衡量多投入、多产出生产系统的 C^2R 模型来评价决策单元技术和规模综合效率。如果 Y_1、Y_2、X_1、X_2、X_3、X_4 分别代表两个产出变量和四个投入变量，那么衡量效率指标即被定义为各产出和各投入的加权比值：

$$h = \frac{\mu_1 \times Y_1 + \mu_2 \times Y_2}{\nu_1 X_1 + \nu_2 X_2 + \nu_3 X_3 + \nu_4 X_4}$$

那么，评价模型为：

$$
\text{s. t.}
\begin{cases}
\max h_j = \dfrac{\displaystyle\sum_{r=1}^{2} \mu_r Y_{r,j}}{\displaystyle\sum_{i=1}^{4} \nu_i Y_{i,j}} \\[2em]
\dfrac{\displaystyle\sum_{r=1}^{2} \mu_r Y_{r,j}}{\displaystyle\sum_{i=1}^{4} \nu_i Y_{i,j}} \leqslant 1, j = 1, 2 \cdots, n
\end{cases}
$$

$$\mu_r, \nu_i \geqslant 0; i = 1, 2, r = 1, 2, 3, 4$$

通过该模型得出的是取值为 [0, 1] 的各决策单位综合效率指数。该指数为相对指数，并没有所谓单位。通常会包含至少一个 DEA 有效的决策单位，DEA 综合效率值为 1，则称该决策单位在生产上是 DEA 有效的。其余决策单位的综合效率值小于 1，则为 DEA 无效，即可能存在以减少投入或增加产出的方式进行生产。通过软件计算，得到 15 年 30 个省区市一共 450 个样本的 DEA 综合效率，其统计性描述如表 8.1 所示。

表 8.1 变量的定义及来源

变量类别	数据项目	单位	来源
DEA 模型	农作物播种面积	千公顷	中经网产业数据库
	农业种植业从业人员	万人	国家统计局网
	农业机械总动力	万千瓦	国家统计局网
	农用化肥施用折纯量	万吨	国家统计局网
	农业总产值	亿元	国家统计局网
	农村人均可支配收入	元/人	《中国农村统计年鉴》
因变量	各省政策性农业保险试点	—	作者总结
控制变量	农村家庭经营耕地面积	亩/人	国家统计局网
	人均农业保险保费支出	元	作者总结
	第一产业占比	%	国家统计局网
	地区总用电量	亿千瓦时	国家统计局网
	农用薄膜使用量	万吨	国家统计局网
	地区平均受教育年限*	年	全国及各省份统计年鉴

续表

变量类别	数据项目	单位	来源
	人均地区生产总值	元/人	国家统计局网
控制变量	人均农作物播种面积	亩	作者计算
	农业种植专业化指数	1	作者计算
其他	价格指数 CPI	—	国家统计局网

注：＊地区平均受教育年限由各省份统计年鉴以及中国统计年鉴的数据计算所得。计算方法为：平均受教育年限 =（小学文化程度人口数 ×6 + 初中文化程度人口数 ×9 + 高中文化程度人口数 ×12 + 大专及以上文化程度人口数 ×16）÷六岁以上抽样总人口。

8.1.2.2 政策性农业保险试点 (D)

根据《中央财政农业保险试点管理办法》以及 2000 ~ 2015 年相关各省关于开展政策农业保险试点的通知，结合张小东（2015）对政策性农业保险试点地区的总结，笔者将资料进行总结后可以得到表 3.1。根据前面的分析，若某省份进入政策性农业保险试点范围，即认为其在当年接受政策处理，其政策处理变量（D）等于 1，则其他年份该变量为 0。

8.1.2.3 其他控制变量 (X)

除此之外，本书还选取了一个衡量保险发展程度的指标——人均农业保险保费支出，以及一系列控制变量，用来更加准确地计算政策性农业保险政策实施对农业生产效率的影响。控制变量包括农村家庭经营耕地面积、第一产业占比、地区总用电量、农用薄膜使用量、地区平均受教育年限、人均 GDP 等。第一产业占比代表该地区经济发展结构；人均农作物播种面积代表该地区的自然资源禀赋；农村地区总用电量代表了该地区基础设施建设情况；农用薄膜使用量代表了该地区投入农业生产环节的资本量；地区平均受教育年限代表该地区的人力资本情况；人均地区生产总值代表了该地的经济发展水平。所有控制变量，除第一产业占比以外，其余均换算成人均水平，并以对数形式纳入回归模型，农业人口数量采用农业从业人员数据。其中人均农业保险保费收入已通过 CPI 指数换算成可比的实际人均保费收入（2000 年为基期）。

根据以上定义，对数据进行整理和统计之后，最终变量的统计性描述如表 8.2 所示。

表 8.2 变量的统计性描述

变量	字符	样本量	均值	标准差	最小值	最大值
农业生产效率	DEA_eff	450	0.583	0.215	0.238	1
人均农业保险保费收入	insurance	450	49.138	129.126	0	1380.91
人均耕地面积	avearea	450	2.364	2.467	0.26	13.56
第一产业占比 *	ind_rate	450	12.564	6.414	6.332	34.679
人均用电量	elec	450	3296.85	7149.67	105.92	61198.3
人均农业薄膜使用量	avefilm	450	97.3164	100.996	6.015	620.324
农村人口受教育年限	edu	450	8.393	1.000	6.040	12.187
人均地区生产总值	aveGDP	450	24332.1	17640.2	3257	93173
人均农作物播种面积	agriarea	450	7.4733	5.1034	0.4842	20.8501
种植专业化（HI）	HI	450	0.2415	0.0726	0.1410	0.5283

注：* 第一产业占比采用百分比进行衡量。
资料来源：作者搜集计算所得。

8.2 政策性农业保险对农业生产效率影响的实证结果分析

8.2.1 基准回归的实证结果分析

根据式（8.2），在控制省际变量及时间变量的条件下，以农业生产效率（DEA_eff）为被解释变量，以政策性处理变量（D_{it}）为关键解释变量，进行双重差分回归分析，同时为了保证结果稳健性，表 8.3 也进一步展示了混合回归分析、固定效应回归分析的结果。

表 8.3　　　　　　政策性农业保险对农业生产效率的总体影响

项目	DEA_eff					
	(1) POLS1	(2) POLS2	(3) POLS3	(4) FE	(5) DID1	(6) DID2
D_{it}	0.0656 *** (0.0244)	0.0997 *** (0.0216)	0.0389 ** (0.0197)	0.0126 ** (0.0057)	0.0353 *** (0.0129)	0.0211 ** (0.0103)
avearea		− 0.1342 *** (0.0133)	− 0.1051 *** (0.0244)	− 0.0415 * (0.0224)		− 0.0851 *** (0.0299)
ind_rate			0.0065 ** (0.0029)	0.0044 ** (0.0021)		0.0042 ** (0.0020)
Ln. avefilm			0.0151 ** (0.0068)	0.0144 * (0.0074)		0.0138 * (0.0079)
edu			0.0019 *** (0.0007)	0.0021 * (0.0011)		0.0022 * (0.0013)
Ln. AveGDP			0.0103 * (0.0058)	0.0074 (0.0061)		0.0071 (0.0064)
Ln. elec			0.0092 *** (0.0034)	0.0063 ** (0.0027)		0.0065 ** (0.0028)
HI			0.0013 * (0.0007)	0.0011 ** (0.0006)		0.00104 * (0.0006)
_cons	0.5594 *** (0.0147)	0.6158 *** (0.0140)	0.3843 *** (0.1346)	0.2856 ** (0.1196)	0.5120 *** (0.1204)	0.2314 ** (0.1118)
是否控制 省际变量	否	否	否	是	是	是
是否控制 年度变量	否	否	否	否	是	是
N	450	450	450	450	450	450
Adj – R²	0.1261	0.1688	0.4330	0.4442	0.1367	0.5293

注：＊、＊＊、＊＊＊分别表示在 10%、5% 和 1% 水平上显著，括号内的数值为标准差。

在控制相关变量的条件下，政策处理变量（D_{it}）在 1% 水平上显著为正，对于实施了政策性农业保险的单位有 0.035 的 DEA 综合效率正向贡献值。在加入控制变量的条件下，系数虽缩小至 0.021，但符号方向并没有改变且至少通过了5%的显著性检验。根据前文的理论分析，政策性农业保险对于农业生产效率存在正负两方面的影响。以上实证结果表明，在2000～2015年的研究时期内，我国政策性农业保险对于农业生产效率总体呈现正向积极影响。这一结论与理论分析结论有出入。根据前文分析，逆向选择问题和道德风险问题不利于农业生产效率的提升。首先，针对农业保险公司逆向选择。从理论角度可知，逆向选择的存在会导致保险公司提升高风险地区参保保费，导致这部分地区农户参保率较低而不利于农业生产效率的提升。但事实上，目前施行的政策性农业保险自试点开始就是定位于"政府主导"，各级政府对农业保险保费都有明确的财政补贴责任，并且政府也会承担起补贴保险公司责任，这使得保险公司逆向选择问题并不突出，对于农业生产效率的负面影响并不大（庹国柱，2014）。根据农业农村部数据，2018年全国范围政策性农业保险参保率均值达到68.7%，各省份之间参保率差距非常小，这也从侧面说明了逆向选择问题目前并不严重。其次，对于道德风险而言。从理论角度可知，因农业保险会赔偿农业风险损失，参保农户会降低农业生产投入并疏于管理而导致农业生产效率难以提升。但事实上，中国政策性农业保险只是维持相对低水平的赔偿标准（陈文辉，2014），并且中国政府也会对其农业保险保费进行补贴，参保农户实际支付金额并不高，道德风险机会成本相对较高。这些因素决定了政策性农业保险所产生的道德风险、逆向选择问题十分有限。也就是说，目前政策性农业保险所带来的负面影响，可以被正面积极影响所抵消，正向作用明显、负面影响有限，这显然有助于农业生产效率的提升。

其他变量需要注意的是，人均耕地面积的系数显著为负，这说明耕作面积小的农业单位有更高的农业生产效率。该结果与一般理论不一致，一般情况下耕作面积越大家庭单位规模效应越强，自然有利于农业生产效率的提升。导致结果与预期结论不一致的可能原因是我国"人多地少"的农业发展现状。我国农民人均可耕作土地相对较少，农业生产一直处于土地碎片化发展的状态，农民也熟悉这种耕作模式，农业生产经验也是基于碎片化而形成的，所以单纯地增加耕地面积，期望通过规模效应的渠道提升农业生产效率的期望,在短时间内可能无法实现,这需要一个长久过程(郭军华等,2010)。并且,固定效应模型回归结果也基本支持混合回归所得出的结论,其他控制变量的方向也与基于我国省级数据的研究结论相似。

8.2.2 异质性影响分析

农业生产风险与农业保险相互依存,在农业生产风险越高的生产环境中,政策性农业保险发挥作用的程度就越大(王向楠,2011;Vandeveer,2001),这也是施行政策性农业保险最核心的目的。按照这一逻辑,在农业生产风险越高的地区,政策性农业保险对农业生产效率提升效果应该更加明显。借鉴王向楠(2011)的方法,引入变量 SD_i 来衡量省级农业风险水平,它等于某一时期某省份人均农业产出水平增长率的标准差(standard deviation),即:

$$SD_i = \frac{1}{T} \left[\sum_{t=1}^{T} (\dot{y}_{it} - \overline{\dot{y}_i})^2 \right]^{1/2} \tag{8.3}$$

其中,$\dot{y}_{it}$ 为 i 省在 t 年人均农业产出水平的增长率,$\overline{\dot{y}_i}$ 为 $\dot{y}_{it}$ 在 T 年中的均值。事实上,标准差已经被广泛地应用于衡量农业生产风险水平,例如,将农业产出水平的标准差作为农业生产风险的替代变量,研究生产风险对农户对农业保险需求影响因素(Vandeveer,2001)。王向楠(2011)也将此变量引入定量分析中,研究土地碎片化、农业保险对农业生产效率的影响。为了验证政策性农业保险是否对高风险地区农业生产效率提升效果更加明显,本书引入政策性农业保险试点变量(D_{it})与农业生产风险变量(SD_i)交乘项,构造以下模型[1]:

---

① 首先,将各个省际单位的人均农林牧副渔总产值逐年平减到 2000 年水平,得到变量 $y_{it,2000}$;其次,通过该值逐年计算人均农林牧副渔总产值的增长率 $\dot{y}_{it,2000}$;最后将该值代入公式计算得到 SD_i。

$$Y_{i,t} = \alpha_0 + \beta_0 D_{it} \times SD_i + \beta_1 D_i + \sum_i \beta_t \times T_t + \gamma_1 X_{it} + \gamma_2 SD_i + \varepsilon_{it}$$

$$(8.4)$$

在保持控制变量不变的条件下，实证结果如表 8.4 所示。

表 8.4   政策性农业保险的异质性影响

项目	DEA_eff			
	(1) POLS3	(2) FE	(3) DID1	(4) DID6
$D_{it} \times SD_i$	0.0047 *** (0.0018)	0.0036 ** (0.0016)	0.0041 ** (0.0019)	0.0035 ** (0.0014)
SD_i	−0.0034 (0.0021)	−0.0024 (0.0063)	−0.0031 (0.0136)	−0.0026 (0.0124)
是否控制 其他标量	是	是	否	是
是否控制省际 虚拟变量	是	是	是	是
是否控制年度 虚拟变量	是	是	否	是
N	450	450	450	450
R^2	0.4125	0.5719	0.2574	0.5014

注: * 、** 、*** 分别表示在 10%、5% 和 1% 水平上显著，括号内的数值为标准差。

根据表 8.4 可知，实证结果显示，政策性农业保险试点和农业生产风险的交乘项为正，并且至少通过了 5% 水平上的显著性检验，这也意味着农业生产风险越高的省份，政策性农业保险对于农业生产效率促进作用效果更强，其他变量的符号方向及显著性程度与表 8.3 相差不大。之所以出现生产风险越高的省份政策性农业保险带来生产效率提升效果越好，其中可能的原因在于两方面：一方面，相对于未试点地区，保险试点地区农民受灾后保险补偿金有助于恢复农业生产，进而有助于生产效率提升。农业生产风险越大地区，受灾后恢复农业生产需要更多资源和要素投入。在受灾条件下，相对于未试点的农民，试点省份的农民可以通过农业保险这一渠道获得保险补偿，则这部分农民可以将更多资源投入农业生产恢复过程中，自然可以带来生产效率的提升。另一方面，在高风险地区，农民为了适应相对高风险的农业生产环境，往往会选择低生产效率但可以有效提升抵御农业生产风险的农业生产方式；但是当政策性农业保险介入农业生产后，参保农民不再承担所有的农业生产风险，这就降低了其农业生产风险损失预期，出于最大收益化考量，相对于未参与政策性农业保险试点省份，参保农民就会将更多资源配置到效率提升而非单纯的风险防范。在未出现农业风险时，这显然有助于农业生产效率的提升。

8.2.3　动态影响分析

农民购买农业保险并根据农业保险条款调整自己的农业生产投入行为，具有明显时间间隔，即农业生产是一个动态过程（Vincent & Goodwin，1996）。具体到本书，大量研究表明，中国农户生产行为更多地体现为依靠其生产经验（西奥多·舒尔茨，2007），并且基于生产经验的生产行为并不会因某一因素，例如政策性农业保险，而立即改变农业投入、种植多样化以及增加农业机械投入等行为，而出现农业生产效率提升的现象，所以政策性农业保险对农业生产效率的影响可能具有动态特征。为了检验以上影响是否存在这一动态特征，参照已有研究（Thorsten Beck，2010），本书将动态变量引入标准模型中，得到以下模型：

$$Y_{i,t} = \alpha_0 + \beta_1 D_{i,t}^{-5} + \beta_2 D_{i,t}^{-4} + \cdots + \beta_9 D_{i,t}^{4} + \beta_{10} D_{i,t}^{5} + P_i + Year_t + \varepsilon_{i,t}$$

$$(8.5)$$

其中，D_{it}^{-j} 代表 i 省份政策性农业保险试点前的第 j 年，相对应的 D_{it}^{+j} 代表该省份政策性农业保险试点后的第 j 年[①]。该变量前系数的变化可以反映

---

① 为了尽可能展示政策性农业保险对农业生产效率的动态影响，本书将研究时间扩展到 2000～2017 年。

自变量对因变量的动态影响，具体到本书，即是政策性农业保险试点对农业生产效率的动态影响。图 8.1 展示了 95% 置信区间条件下，政策性农业保险试点变量前系数变化趋势。

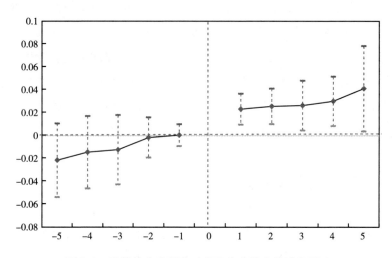

图 8.1　政策性农业保险对农业生产效率的动态影响

根据图 8.1 可以发现两点：首先，农业生产效率并不能预测政策性农业保险试点。这主要表现为试点前（D^0）动态变量前系数不显著，其 5% 置信区间明显跨过 0，这也说明在 5% 水平上动态变量系数显著异于 0，没有通过显著性检验。这一结论也从侧面验证了影响同质性特征，农业生产效率并不能预测某省份是否会进入试点范围。其次，政策性农业保险对农业生产效率影响具有显著动态特征。这主要表现为，试点后（D^0）动态变量前系数显著，至少通过了 5% 水平上显著的特征，并且呈现不断扩大趋势。这也验证了文森特和古德温（Vincent & Goodwin，1996）的研究结果：农业生产是一个动态过程同时也是依靠实践经验生产的过程，政策性农业保险对农业生产效率的影响也不能摆脱这一规律。其中可能的原因有两方面：一方面，受传统农业生产经验影响，参保农户不会在短时间内改变农业生产行为包括农业生产投入、新技术引入以及农业机械使用；另一方面，农民识别政策性农业生产风险被分担需要一定时间，尤其是低风险地区农户，政策性农业保险核心目的就是帮助灾后农民恢复基本农业生产，在相对低风险地区农民只有遇到自然灾害，才能意识到政策性农业保险的风险分担作用，改变自己农业生产行为，从而实现农业生产效率的提升。

8.3 政策性农业保险对农业生产效率影响的机制分析

如前面的分析，政策性农业保险的试点能够显著提升农业生产效率，但是政策性农业保险对农业生产效率影响的机制是什么？根据本书4.4节的机理分析可知，政策性农业保险主要通过正负两条途径来影响农业生产效率，但是限于数据可得性问题[①]，本章对该影响的机制分析主要是通过种植专业化（本章主要使用赫芬达尔指数来衡量）以及农业生产机械投入两条路径来进行。借鉴已有文献（Baron & Kenny，1986；石大千等，2018）的方法验证4.4节的机理是否存在。具体实证检验采用以下三步法来进行验证。

第一步，验证政策性农业保险对农业生产效率的影响。

$$Y_{i,t} = \alpha_0 + \alpha_1 D_{i,t} + \sum_{i=1}^{N} b_j X_{i,t} + \varepsilon_{i,t} \tag{8.6}$$

第二步，验证政策性农业保险实施对种植专业化以及农业机械投入的影响。

$$HI_{i,t} = \beta_0 + \beta_1 D_{i,t} + \sum_{i=1}^{N} b_j X_{i,t} + \varepsilon_{i,t} \tag{8.7}$$

$$NJ_{i,t} = \beta_0 + \beta_1 D_{i,t} + \sum_{i=1}^{N} b_j X_{i,t} + \varepsilon_{i,t} \tag{8.8}$$

第三步，将政策处理变量及专业化种植及农业机械投入同时放入回归方程中。

---

① 由于逆向选择、道德风险以及边际土地开发的数据都无法获取，所以本书无法验证负面影响。

$$Y_{i,t} = \gamma_0 + \gamma_1 D_{i,t} + \gamma_2 HI_{i,t} + \sum_{i=1}^{N} b_j X_{i,t} + \varepsilon_{i,t} \qquad (8.9)$$

$$Y_{i,t} = \gamma_0 + \gamma_1 D_{i,t} + \gamma_2 NJ_{i,t} + \sum_{i=1}^{N} b_j X_{i,t} + \varepsilon_{i,t} \qquad (8.10)$$

其中，$HI_{i,t}$、$NJ_{i,t}$ 分别代表农业种植专业化程度以及人均农业机械投入量，$Y_{i,t}$ 代表农业生产效率，$X_{i,t}$ 为影响农业生产效率、种植专业化以及农业机械投入的控制因素。具体实证结果如表 8.5 所示。

表 8.5　　政策性农业保险对农业生产效率影响的机制检验

项目	Step1	Step2	Step3	Step4
	DEA_eff	HI	NJ	DEA_eff
D	0.0227 **	0.0009 **	0.0194 **	0.0225 **
	(0.0103)	(0.0004)	(0.0091)	(0.0103)
HI				0.0014 *
				(0.0008)
NJ				0.0061 **
				(0.0031)
controlvariables	Y	Y	Y	Y
$Adj - R^2$	0.4257	0.1293	0.2715	0.5384
N	450	450	450	450

注：*、**、*** 分别表示在 10%、5% 和 1% 水平上显著，括号内的数值为标准差。

根据表 8.5 可知，政策性农业保险确实对农业生产效率产生正向影响，并通过影响农业机械总动力（NJ）和种植专业化（HI）这条机制来实现，但是影响程度有所差异。首先，政策性农业保险施行过程中对农业机械总动力增长以及种植专业化具有正面积极作用。这主要表现为第二步（Step2）和第三步（Step3），两个变量前系数都至少通过了 5% 显著性检验，这一实证结果符合本书 4.4 节的理论分析的结论。其次，政策性农业保险对农业生产效率正面影响确实会通过影响农业机械总动力和种植专业化这条机制来实现。这主要表现在第四步（Step4）中，将两个关键变量以及政策处理变量加入回归方程后，两个关键自变量前系数均为正，且至少通过了 10% 水平上的显著性检验。而且政策性农业保险变量虽然系数变小了,但是系数依然维持至少 5% 水平上显著性程度。这一结果也正是 4.4 节理论分析的结论。最后,政策性农业保险对通过影响农业机械总动力对农业生产效率产生的影响,要明显高于种植专业化这一通道。这主要表现为,通过直接影响农业生产总动力这条途径,可以解释 97.5% 左右的生产率变化[①],而通过种植专业化对农业生产效率产生影响仅占总效率变化 2.5% 左右,其中可能的原因在于政策性农业保险对种植专业化影响程度较小。

8.4 稳健性检验

双重差分识别方法能够得到稳健结果,其关键在于能否满足关键假设(陈林,2015)。具体到本书:第一是,政策性农业保险试点的随机性假设。这一原则也就是保证试点省份的选择应当满足随机性,只有这样才能得到“干净”的政策处理效应。第二是,处理组和控制组的同质性假设。也就是,政策性农业保险试点省份,在一定程度上,除了政策处理这个指标有所区别外,其他都要保持相对一致,其中最为重要的是时间趋势上保持相对一致。为了检验以上两个关键假设是否满足,本节将进行随机性检验和共同趋势检验。

8.4.1 随机性检验

根据付小鹏和梁平(2016)的研究,政策性农业保险试点省份的选择并不是随机产生,而是中央政府根据各省区市的农业发展规模、经济发展

---

① 通过影响农业机械中动力这条途径的中介效应比例为 0.00012/0.00014≈97.5%,而通过影响种植专业化的中介效应比例为 0。

水平及农业保险发展基础等多个指标综合进行筛选的结果。并且，有意愿参与试点的省份需要提前申请，这种试点筛选机制可能会导致严重的内生性问题，导致实证结果不稳健。但是，因本斯（Imbens et al, 2015）的研究表明，若处理对象选择依据并不是被解释变量，即，若被解释变量无法预测试点的话，实证结果的内生性问题就会减弱，从而可以增加结果可靠性程度。具体到本书就是，农业生产效率是否能够预测某省份参与试点的可能性，若能够预测则说明存在严重内生性问题，那么就会导致实证结果不稳健。

为了检验以上两个假设，本节引入 logit 模型，将 D_t^{-1} 作为被解释变量，即某省份在 t 年接受政策性农业保险试点的提前一期变量，关键自变量为该省农业生产效率。除此之外，本节还选取了省际农业经济特征及地理特征。表 8.6 展示了随机性检验结果。

表 8.6　　　　政策性农业保险与农业生产效率的随机性检验

项目	D_t^{-1}		
	（1）	（2）	（3）
DEA_eff	0.1109	0.0715	0.0342
	（0.1033）	（0.1714）	（0.1403）
gdp1p		0.5214 ***	0.4149 ***
		（0.1033）	（0.1066）
lngdp1		0.0467 **	0.0357 **
		（0.0206）	（0.0172）
lnnxc		− 0.2247	− 0.1854
		（0.1452）	（0.1377）
lncorns		0.0823 *	0.1345 **
		（0.0478）	（0.0527）
lncornt		− 0.4102	− 0.3824
		（0.2667）	（0.3017）
zonew			0.1462
			（0.1471）

续表

项目	D_t^{-1}		
	(1)	(2)	(3)
zonee			− 0. 3274 ***
			(0. 1023)
_cons	− 0. 8544 ***	− 0. 6301 **	− 0. 5619 **
	(0. 3217)	(0. 2609)	(0. 2677)
N	450	450	450
R²	0. 1021	0. 3049	0. 5147

注：*、**、***分别表示在10%、5%和1%水平上显著，括号内的数值为标准差。zonew 为是否为西部省份，zonee 为是否为东部省份，以中部省份为对照值。lncorns 为粮食作物种植面积的对数，粮食作物主要包括玉米、稻米、小麦三类。lnnxc 为乡村农业从业人员的对数。lngdp1 和 gdp1p 分别代表第一产业产值对数的第一产值占比。

根据表 8.6 可以发现，关键自变量农业生产效率与政策性农业保险提前一期变量（D_t^{-1}）并不存在显著相关关系。但是政策性农业保险提前一期变量（D_t^{-1}）与第一产业产值、第一产业产值占比、粮食作物产量存在正相关关系，而和非东部地区省份的虚拟变量呈负相关关系。这一结果说明，试点省份的选择并不是以农业生产效率作为依据，而是更倾向于选择农业生产总值更高、粮食种植面积更广及产量更大的非东部省份作为试点地区。根据前文的分析，若关键自变量不作为处理选择依据，即，若农业生产效率不能预测政策性农业保险试点，就可以认为选择过程基本符合随机性要求，政策性农业保险试点可以被认为是外生政策冲击，这也就说明双重差分的随机性假设成立。

8.4.2 共同趋势检验

基于准自然实验的双重差分研究的另一个重要前提是，实验组与控制组样本在统计意义上是同质个体（陈林，2015；付小鹏、梁平，2016），即，在政策处理之前对照组和处理组的农业生产效率的变化趋势应当是相似的，符合共同趋势假设。根据因本斯等（Imbens et al，2006）的建议，

145

本节根据中国政策性农业保险试点逐步扩大范围的进程，分别选择：第一批试点省份和第五批试点省份，第二批试点省份与第五批试点省份，这两个时间段分别做平衡性趋势检验①，截止日期为 2011 年。具体结果如图 8.2 和图 8.3 所示。

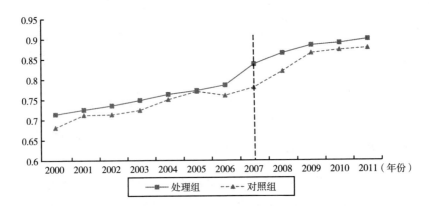

图 8.2 共同趋势假设检验（第一批和第五批试点省份）

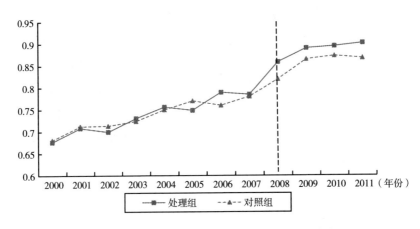

图 8.3 共同趋势假设检验（第二批与第五批试点省份）

① 第一批试点省份为吉林、内蒙古、江苏、湖南、四川、新疆，试点时间为 2007 年。第二批试点省份为河北、辽宁、黑龙江、安徽、山东、河南、湖北、浙江、福建、海南，试点时间为 2008 年。第五批试点省份为广西、贵州、西藏、陕西、重庆，试点时间为 2011 年。

根据图 8.2 和图 8.3 可知：首先，在 2007 年和 2008 年时间节点上，相对于对照组，处理组的农业平均生产效率有明显的上升，并且在 2008 年之后，两者差距在不断地被拉大。这也说明政策性农业保险试点确实对农业生产效率有明显正向影响，并且存在明显的动态特征。其次，在 2007 年和 2008 年时间节点之前，处理组和对照组之间的增长趋势几乎相似。这说明在政策性农业保险试点前，对照组和处理组存在相似生产率变化趋势特征，两者同质性特征明显。最后，在 2011 年，处理组和对照组之间农业生产效率差距缩小。其中可能的原因是，在 2011 年第五批试点省份正式进入了政策性农业保险试点范围，所以两者之间生产效率的差距呈现缩小趋势，这也进一步证明了政策性农业保险对农业生产效率的提升作用。

8.5　本章小结

"小而全、多样化、碎片化"农业生产方式已经成为制约中国农业生产效率提升的障碍。但生产方式的形成是农户应对生产风险后的理性选择，若无外部生产风险分担者介入，这种相对"落后"的生产方式仍然会继续，农业生产效率提升空间就会被压缩，最终不利于我国农业整体发展。作为一项重要农业生产风险分担工具，农业保险在西方发达国家已经成为保护农民生产的重要工具，但在我国农业保险发展却一直停滞不前，这一局面直到 2007 年才有所改善。当年政府财政补贴支持的政策性农业保险开始在各省份展开试点，保险范围和规模不断上升，但是政策性农业保险是否发挥了分散农业生产风险、提升了农业生产效率的作用，这一问题的回答无论是对于政策本身还是农业生产整体都至关重要。基于此，本章利用 2000~2015 年的省际面板数据，在理论分析的基础上，采用动态双重差分的识别方法，从定性和定量两个维度分别分析了政策性农业保险与农业生产效率间的相关关系。

　　从理论角度来看，政策性农业保险对农业生产效率的影响存在相反的两个方面：一方面，政策性农业保险有助于帮助农户分担生产风险，帮助受灾农户恢复农业生产，这显然有助于提升生产效率；另一方面，由于道德风险及逆向选择的原因导致农业生产效率难以提升。但实证结果显示，在 2000~2015 年的研究时间段内，政策性农业保险显著提升了试点省份的农业生产效率，即，正面促进作用超过负面抑制影响。与此同时，这种影响具有典型的异质性特征，例如，在农业生产风险较大的省份，该种影响效果更明显，并且随着时间推移这种影响有明显扩大趋势。稳健性检验的结果也支持以上实证结果。但是不可忽视的是，西方农业保险发展经验表明，随着农业保险政策的推进，其道德风险、逆向选择问题也会集中爆发，这不利于农业生产效率的提升。所以，随着我国农业保险制度运行进入稳定期，如何防止道德风险及逆向选择风险应当成为下一阶段农业保险政策完善和优化的重要内容。

第 9 章

研究结论、政策建议及研究展望

本章首先对全书主要研究结论进行归纳、总结；其次结合中国现实背景，探讨研究结论所蕴含的相关政策、启示；最后提出未来进一步研究的可能方向。

9.1 主要研究结论

目前，我国政策性农业保险制度已经进入稳定发展期这个关键阶段。国内外实践经验都表明，农业保险进入稳定发展期后，道德风险及逆向选择等负面因素问题可能集中出现，这可能会导致整体制度运行效率下降，不利于农业保险制度可持续发展。因此，如何完善该政策并降低负面影响，进一步发挥其在农业生产中"分担风险、灾后保持恢复"的作用，是未来农业保险政策制定者面临的主要课题。然而详细而完备的政策评估是政策制度修订和完善的前提，具体到政策性农业保险制度建设这一领域，就是该政策是否实现了"提升农民抵御农业生产风险的能力、分担了农民生产风险"的政策目的。中国 2007 年新一轮政策性农业保险试点逐步展开，庹国柱、黄英君、钟宁甫及张跃华等人做了开创性研究，后续许多学者也围绕这一主题做了大量的研究，形成了一系列研究成果，但对于政策性农业保险是否分担农业生产风险以及对农业生产造成了什么影响，国内经济学学者对这一重要问题的探讨并不是十分充分和系统。而本书希望在已有研究成果基础上，在新的政策性农业保险逐步试点的背景下，从农民农业生产这一角度入手，系统性地对新一轮政策性农业保险制度进行评估。

基于上述原因，本研究在整个农业生产过程中分别选取农作物种植选择行为、农用化学要素投入行为、粮食产量及农业生产效率评价四个农业生产关键内容，分别利用实地调查数据、省际面板数据以及首批试点省份的县级面板数据，综合使用最小二乘法回归、固定效应模型、双重差分法、倾向得分匹配法及内生转化模型等多种定量研究方法，系统且细致地研究了政策性农业保险试点对农业生产造成的影响以及政策试点是否达到了预期政策目标。本书主要研究结论有以下四点：

（1）政策性农业保险的施行分散了农业生产风险，促使农民更愿意选择具有"高生产风险"特征的农业种植专业化行为，并且这种影响具有显著滞后性和异质性特征。在理论分析的基础上，实证研究结果发现，政策性农业保险显著提升了专业化种植程度，并在改变关键自变量的条件下该结果依然成立。进一步研究发现，这种影响有显著的滞后效应，并且具有典型异质性特征。具体表现为，保险深度值越大的地区，该种影响更强、更明显，而保险深度值较小的地区并未出现农业种植行为向专业化转变的迹象。随机性检验和同质性检验的结果，也都进一步验证了以上实证结果的稳健性。这一结果也表明，政策性农业保险的确降低了农民农业生产风险预期，同时保险所引发的道德风险发生概率并不高。当然，这种改变对于农业生产效率提升、农村生态环境压力降低有着显著的促进作用。

（2）政策性农业保险的施行显著减少了农用化肥的施用数量，但是对农药施用量没有显著影响。利用2019年SQ县政策性农业保险微观调查数据，实证研究发现，参保农户要比未参保农户每亩少施用了1.6千克化肥，但是参保与否对农药的使用数量并没有显著影响。进一步考虑到参保行为和农业生产行为存在时间差、调查对象自选择问题及遗漏变量问题后，实证结果显示以上的结论依然稳健。这也表明政策性农业保险施行确实起到分担农户农业生产风险政策的目的，主要表现为农民减少了农业风险降低型的生产要素（例如，化肥）使用数量，这种改变不仅有利于减少农用化肥土壤残留以缓解农村地区生态环境压力，而且有助于"高投入－低产出"等低效率农业生产模式的改变。

（3）政策性农业保险施行提升了试点地区粮食生产的产量，这种影响会通过改变生产要素投入数量的渠道来实现。本书在理论分析的基础上，利用我国第一批试点省份中不同县市面板数据，实证研究发现，政策性农业保险的实施显著地提升了试点地区粮食产量，并且这种影响具有显著的异质性特征，具体表现为在受灾样本中，相对于未试点地区，政策性农业保险试点所带来的粮食产量正向增长幅度更大、更明显。机制检验结果也证实了，政策性农业保险会通过农业生产投入来影响粮食产出水平。趋势性检验和安慰剂检验的结果进一步证实了实证研究的结果。这也说明，我国农业保险确实承担起协助农民抵御农业生产风险的责任，并且有助于受灾农业生产的恢复，进而有助于保障我国粮食生产安全。

（4）政策性农业保险的实施有助于提升农业生产效率，并且对于农业生产风险较高地区影响更大。理论分析结果显示，农业保险对农业生产效率存在正反两个方向的影响：分担农业生产风险和补偿灾后农业损失这两个途径产生正向积极影响，道德风险和逆向选择造成负面影响，但综合作用方向并不明确。本书在理论分析的基础上，利用省际面板数据实证分析了两者相关关系，实证结果显示，政策性农业保险实施一定程度上有助于农业生产效率的提升。进一步研究发现，在农业生产风险越大地区，这种正向影响程度越大、越明显，并且这种影响也具有显著的动态性特征，随着试点时间的延长，正向影响更显著。同时，随机性检验、同质性检验的结果也进一步验证了基准实证分析结果。这一结果说明，在研究时间段内，政策性农业保险对生产效率正向影响高于负面影响，道德风险和逆向选择风险并不高，从侧面说明政策性农业保险在一定程度上达到了预期目标。

9.2　政策建议

根据前面分析，现阶段政策性农业保险的发展已经进入平稳发展期，并且该政策的施行对于农业生产产生了积极的影响。因此，如何扩大这种积极影响，提升制度可持续发展能力，降低负面影响，减少制度波动，将成为未来农业保险政策完善的方向。本研究综合我国政策性农业保险发展实际、制度细节及实证研究结果提出以下有针对性的政策建议。

9.2.1　扩大政策性农业保险覆盖范围

具体有以下三个方面：

（1）加强政策性农业保险宣传力度，提高农民参保积极性。现阶段农业保险发展面临的最大的问题就是如何进一步扩大农业保险覆盖面（黄英君，2013），更大范围的保险覆盖才能将农业风险最大限度地分散，最终有利于我国农业生产摆脱"低水平生产均衡陷阱"提升农业生产效率。结合本书研究结论及前期实地调研发现，参保率提升困难的重要原因在于农民对农业保险原理理解不够透彻，对农业保险认知仍停留在较低层次，对于农业保险分散风险、补偿损失的功能认识不足，同时缺乏对政策性农业保险制度的信心。因此，地方政府和农业保险公司应当从转变农民观念的角度去推广政策性农业保险。例如，鼓励农民代表亲身参与保险购买、灾后勘察、受灾水平估计以及后续受灾理赔等工作；又如，利用手机动画演示的方式推送农业保险工作的全过程等亲民、通俗易懂的推广手段。同时，强调农业保险的政策属性，提升农户对农业保险认知水平和对农业保险的信心，最终提升农户参保率。

（2）积极开发新形式的政策性农业保险种类，满足不同层次农户需求。随着农业生产由"小农经营"进入新的发展阶段，专业大户、家庭农场、农业合作社等规模经营农户的数量不断上升。研究结论显示，政策性农业保险实施有助于农业生产规模的扩大，提升专业化种植行为。专业大户等农业生产规模较大的群体对政策性农业保险有更强烈需求，但是目前政策性农业保险并没有针对这部分农户推出专门农业保险产品，同样参保标准、政策补贴标准可能无法调动这部分规模农户的积极性。保险公司也应该积极衔接这部分群体，未来可以根据规模经营农户生产规模、农产品类型设计专门的农业保险产品，提供更为专业、个性化的保险承保和灾后理赔服务，提高政策性农业保险适用广度。

（3）建立农业保险基层服务网络。我国农业保险高度分散，仅依靠保险经营机构进行宣传、组织、展业、承保、核保，发生灾害损失时进行勘察、定损和理赔，有实际困难，目前只有在地方政府支持下建立基层保险服务网络，才能为农户提供高质量农业保险服务。我国的《农业保险条例》也指出，"国家支持保险机构建立适应农业保险业务发展需要的基层服务体系"。所以，建立基层服务站的方式，即，保险公司在农业、林业乡镇基层机构设立农业保险服务站，聘请农业保险专家（或者兼任）、农业生产专家和村级协保员，协助保险公司推广农业保险、承接简单保单和基础理赔服务，可以实现涉农服务资源的有效整合，并提升参保、理赔等业务的工作效率。

9.2.2 提升政策性农业保险制度的可持续性

政策性农业保险发展已经取得非常突出的成就，但国外政策性农业保险实践经验及中国2007年以前的农业保险的经验教训都表明，进入"平稳发展阶段"的政策性农业保险，其制度可持续性应当成为下一阶段制度完善的关键。提升政策性农业保险制度的可持续性建设可以从以下几方面入手：

（1）完善财政补贴形式，建立财政补贴长效机制。首先，根据地方农业生产风险特征，实时调整补贴比例和范围。逐步转变一个地区内的农作物实行统一费率甚至部分险种全国统一费率的现状，逐步推广实行风险区划和费率区划的方案，对相对高风险地区的农业保险保费补贴以及保险公司补贴可以适当提高，提升农业保险对这些地区风险保障水平。其次，改变"补贴联动"政策，调动政策性农业保险参与者的积极性。提高对主要粮食作物的保费补贴标准，逐步降低主要产粮县的保费补贴负担，提高中央财政和省级政府财政补贴责任，提高地方政府、地方保险公司及农户参与积极性。最后，建立保费补贴资金绩效评估机制。通过对农业保险财政补贴资金全方位评估，提升财政补贴资金利用效率和效果，杜绝保费补贴资金浪费和资金使用违规行为，提高制度运行透明度。

（2）逐步建立多层次的大灾风险分散机制。首先，建立政策性农业保险再保险机制。通过再保险机制可以在更大的空间内分散参保农户、保险公司遭受巨灾冲击所产生的损失。结合美国、日本等国的经验，建议建立专门的全国性农业保险再保险公司或者由中国再保险集团兼营，补偿农业保险公司因巨灾风险导致的损失，维持农业保险公司经营的稳定性，避免出现无法理赔问题。其次，积极探索政府主导下的农业巨灾风险基金。在政府社会救助和农业保险理赔的基础上，对在巨灾中遭受巨大损失的农业经营主体提供一定比例的补偿，提高其抵御灾害冲击的应对能力，补充政策性农业保险理赔范围。

（3）规范政策性农业保险市场各方行为。首先，加强对农业保险公司的监管。农业保险监管部门应当对农业保险运行过程中的承保、勘察、理赔等核心环节增强监管和稽核审计力度，加大对数据造假、损失虚报、伪造保单等行为处罚力度，提高农业保险违规、违法成本。其次，地方政府应当按照《农业保险条例》中"政府基本职责"要求，减少对农业保险具体经营领域的干预，限制地方政府及银保监部门随意地分配市场资源，加大对农业保险市场寻租、违法、违纪行为的惩罚力度。并且，银保监会也要严格规定和坚决执行的农业保险准入条件，不能存在灰色地带，各地都要有明确的规章制度可循，从源头上保证农业保险市场有效性和服务能力。

9.2.3　推动农业保险创新，降低道德风险

根据前文分析和国外农业保险发展经验，进入平稳期的政策性农业保险一定会遇到道德风险的问题。从长远角度来看，道德风险问题不管是对于农业保险制度本身还是对于农业生产发展而言，都会产生负面影响。传统农业风险的系统性以及信息不对称问题，使得政策性农业保险的风险集合与分散这一基本功能缺乏效率（陈文辉，2015）。因此，探索指数型保险等新型农业保险施行的可行性可能是未来政策性农业保险的改革方向。相对于传统的农业保险而言，指数型保险是通过市场的方法来提高效率，减少对资源市场配置的扭曲程度，满足农民日益增长的扩大承保风险需求，最小化传统政策性农业保险面临的道德风险，也可以提高再保险市场应对巨灾系统性风险的能力。目前，国内部分地区施行指数型农业保险试点已经取得积极的效果，但是以下几个方面仍有待加强：政府或者保险公司接受程度、地方性气象资料分享、气象基础设施完备问题以及金融市场接受程度。

9.3　研究展望

在理论分析基础上，本书综合宏观面板数据和微观调查截面数据，利用多种定量研究方法，实证分析了政策性农业保险对农业生产行为影响及机制，同时也分析了在不同农业生产风险、不同保险密度条件下的异质性特征。虽然实证研究结果也说明了政策性农业保险对农业生产一定程度的影响。但整体而言，本文更侧重于定量的经验性研究，且由于数据样本和研究方法的限制，文章仍有进一步提升的空间，这也是作者后续研究的方向，主要集中在以下两个方面：

（1）大型微观调查面板数据的缺失，实证研究估计偏误问题依然存

在。一方面，虽然宏观数据研究结果在一定程度上反映政策性农业保险对农业生产行为的影响，但是仍然无法准确地从个体角度来衡量制度影响，进而无法获得更为直观的影响路径和机制，不利于制度完善和优化。另一方面，目前使用微观数据研究更集中在蔬菜、棉花、粮食等特定作物类型的调查，并且局限于地方性截面数据，虽然通过特定研究方法可以降低估计偏误程度，但是无法消除偏误，而采用微观面板数据可以非常好地解决这一问题，但是目前国内仍然没有合适的微观数据库可供选择。值得期望的是，国内农业研究团队对第一手调查数据日益重视，已经开始基期的调查，可以预见在不久的将来会有一大批农业调查第一手微观面板数据将被公布，届时政策性农业保险政策评估、政策优化及完善将会有更多数据和研究支撑。

（2）缺少对道德风险和逆向选择更深层次问题的定量分析。本书对于道德风险和逆向选择的讨论更多来自理论视角分析，由于数据结构及调查成本限制，本书并未获得稳健的实证证据。国外实践经验表明，随着农业保险政策推进，道德风险和逆向选择的问题会变得非常突出，这一定会削弱政策性农业保险对农业生产行为的正向影响。事实上，前期实地调查也出现了农民骗保、保险公司伪造参保数据、工作人员侵吞政府农业保险保费补贴等现象，若对这些现象不够重视，无法定量分析这些风险所造成的损失，就不能设置合理财政补贴标准、灾后赔偿水平，自然会影响政策性农业保险实施效果的评定。因此，进一步探讨如何在一个更为规范的理论框架下用数据来分析道德风险、逆向选择的影响程度，是未来一个重要的研究方向。

综上，在我国政策性农业保险快速发展的背景下，政策性农业保险对农业生产影响的研究才刚刚起步，相对于国外的相关研究，无论是数据搜集、研究方法以及研究深度等方面，都有非常大的提升空间，当然这也是笔者未来主要的研究方向。

附录

2019 年 SQ 县政策性农业保险综合调查

1. 问卷编号：［＿｜＿｜＿］
2. 访问地点：

乡/镇名称：＿＿＿＿＿＿

村委会名称：＿＿＿＿＿＿

3. 受访人是否答话人：（1）是　（2）不是
4. 访问员签名：＿＿＿＿＿＿
5. 访问时间：＿＿＿月＿＿日

《中华人民共和国统计法》第二十五条规定：统计调查中获得的能够识别或者推断单个统计调查对象身份的资料，任何单位和个人不得对外提供、泄漏，不得用于统计以外的目的。

下面访问正式开始

农民朋友：您好！

我是＿＿＿＿＿＿，是 SQ 县政策性农业保险综合调查调查员，我们正在进行一项政策评估调查，目的是了解政策性农业保险实施现状及影响以及您对该政策的看法。经过严格科学抽样，我们选中了您作为调查对象，您的合作对我们了解政策性农业保险有关信息和未来政策调整，有十分重要的意义。

问卷中问题的回答，没有对错之分，您只要根据平时的想法和做法回答即可。访问大约需要半小时，对于您的回答，我们将按照《中华人民共和国统计法》的规定，严格保密，并且只用于统计分析，请不要有任何顾虑，希望您协助我们完成这次访问，谢谢您的合作。

A 部分：户主基本情况

A1 您的性别：1. 男 [__]；2. 女 [__]

A2 您的年龄：[__] 岁

A3 您的婚姻状况：1. 已婚 [__]；2. 未婚 [__]；3. 离异或丧偶 [__]

A4 您家参加农业活动人口数目：[__] 人

A5 您从事农业生产的时间：[__] 年

A6 您受教育程度：1. 未上学 [__]；2. 小学 [__]；3. 初中 [__]；4. 高中 [__]；5. 中专 [__]；6. 职高技校 [__]；7. 大学专科 [__]；8. 大学本科及以上 [__]

A7 您的主要收入来源：1. 农业经营收入 [__]；2. 工资性收入 [__]；3. 外出务工收入 [__]；4. 子女转移 [__]；5. 财政转移 [__]

A8 您家去年家庭人均收入：[__] 万元

B 部分：户主农业活动基本情况

B1 您是否参与政策性农业保险：1. 是 [__]；2. 否 [__]；参保 [__] 年

B2 您去年粮食作物播种面积：[__] 亩

B3 您去年粮食作物化肥投入规模：[__] 千克

B4 您去年粮食作物农药投入规模：[__] 千克

B5 您去年粮食作物复合肥投入规模：[__] 千克

B6 您耕种粮食作物农田周边（100 米范围内）是否有直接水源：1. 有 [__]；2. 没有 [__]

B7 您的农业生产手段更符合：1. 完全手工劳动 [__]；2. 部分机械

化作业〔__〕；3. 完全使用农业机械技术〔__〕；

　　B8 您对农业风险的态度更符合：1. 喜欢高风险高回报〔__〕；2. 偏好高风险高回报；3. 无所谓〔__〕；4. 偏好低风险低回报〔__〕；5. 喜欢低风险低回报〔__〕

　　B9 关于农业保险对种植业生产重要性，您的态度是：1. 很重要〔__〕；2. 重要〔__〕；3. 不重要〔__〕；4. 很不重要〔__〕

　　B10 您农业保险保费支出：〔__〕元。（若B1回答为2，那么忽略此题）

　　B11 您继续购买农业保险的意愿：1. 会〔__〕；2. 不会〔__〕

　　B12 您是否加入农业合作社：1. 是〔__〕；2. 否〔__〕

　　B13 农业保险赔付损失的比重：1. 0~20%〔__〕；2. 20%~50%〔__〕；3. 50%~70%〔__〕；4. 70%以上〔__〕

　　C 部分：农业风险环境

　　C1 2018 年您村是否遭灾：1. 是〔__〕；2. 否〔__〕

　　C2 2018 年遭灾的类型：1. 水灾〔__〕；2. 旱灾〔__〕；3. 虫灾〔__〕；4. 其他〔__〕（若C1回答为2，则该题不用回答）

　　C3 去年政府灾后补偿：〔__〕元（若C1回答为2，则该题不用回答）

　　C4 您预计今年是否会发生农业风险：1. 是〔__〕；2. 否〔__〕；3. 不晓得〔__〕

　　访问到此结束。感谢您对我们工作的支持。

参 考 文 献

1. 埃米特·J. 沃恩，特丽莎·M. 沃恩. 2002. 危险原理与保险（第八版）[M]. 北京：中国人民大学出版社.

2. 柏正杰. 2012. 政策性农业保险需求的影响因素分析：一个文献综述 [J]. 西北大学学报（哲学社会科学版），(4)：32 – 36.

3. 曹卫芳. 2013. 农业保险对我国农业现代化发展作用的经济学分析 [D]. 太原：山西财经大学.

4. 柴智慧. 2014. 农业保险的农户收入效应、信息不对称风险 [D]. 呼和浩特：内蒙古农业大学.

5. 陈德萍. 2012. 国外农业保险经验借鉴与中国政策性农业保险制度完善 [J]. 国际经贸探索，(6)：88 – 95.

6. 陈林，伍海军. 2015. 国内双重差分法的研究现状与潜在问题 [J]. 数量经济技术经济研究，32 (7)：133 – 148.

7. 陈强. 2010. 高级计量经济学及 Stata 应用 [M]. 北京：高等教育出版社.

8. 陈盛伟. 2013. 我国政策性农业保险的运行情况与发展对策 [J]. 农业经济问题，(3)：65 – 70.

9. 陈文辉. 2015. 中国农业保险发展改革理论与实践研究 [M]. 北京：中国金融出版社.

10. 陈妍，凌远云，陈泽育，郑亚丽. 2007. 农业保险购买意愿影响因素的实证研究 [J]. 农业技术经济，(2)：26 – 30.

11. 陈运来，2015. 农业保险法原论 [M]. 北京：中国检察出版社.

12. 代宁，陶建平．2017. 政策性农业保险对农业生产水平影响效应的实证研究——基于全国 31 个省份面板数据分位数回归［J］. 中国农业大学学报，22（12）：163 – 173.

13. 杜彦坤．2006. 农业政策性保险体系构建的基本思路与模式选择［J］. 农业经济问题，(1)：50 – 53，80.

14. 范里安．2009. 微观经济学：现代观点（第七版）［M］. 上海：格致出版社.

15. 方伶俐．2008. 中国农业保险需求与补贴问题研究［D］. 武汉：华中农业大学.

16. 费友海．2005. 我国农业保险发展困境的深层根源——基于福利经济学角度的分析［J］. 金融研究，(3)：133 – 144.

17. 费友海．2006. 对农业保险制度模式与运行机制的经济学分析［D］. 成都：西南财经大学.

18. 冯·诺伊曼，摩根斯顿．2004. 博弈论与经济行为［M］. 北京：生活·读书·新知三联书店.

19. 冯俭，张立明，王向楠．2012. 农业保险需求的影响因素及财政补贴调节效应的元分析［J］. 宏观经济研究，(1)：60 – 66.

20. 冯文丽．2004. 我国农业保险市场失灵与制度供给［J］. 金融研究，(4)：124 – 129.

21. 付小鹏，梁平．2017. 政策性农业保险试点改变了农民多样化种植行为吗［J］. 农业技术经济，(9)：66 – 79.

22. 付小鹏，许岩，梁平．2019. 市民化让农业转移人口更幸福吗？［J］. 人口与经济，(6)：28 – 41.

23. 高杰．2008. 农业保险对于农民收入的影响及其政策涵义［J］. 财政研究，(6)：48 – 51.

24. 顾海，孟令杰．2002. 中国农业 TFP 的增长及其构成［J］. 数量经济技术经济研究，(10)：15 – 18.

25. 顾海英，张跃华．2005. 政策性农业保险的商业化运作——以上海农业保险为例［J］．中国农村经济，（6）：53－60．

26．郭颂平，张伟，罗向明．2011．地区经济差距、财政公平与中国政策性农业保险补贴模式选择［J］．学术研究，（6）：84－89，160．

27．国务院发展研究中心"十二五"规划研究课题组，苏杨．2010．中国生态环境现状及其"十二五"期间的战略取向［J］．改革，（2）：5－13．

28．何小伟，庹国柱．2015．农业保险保费补贴责任分担机制的评价与优化——基于事权与支出责任相适应的视角［J］．保险研究，（8）：80－87．

29．何小伟，王克．2013．农业保险大灾风险分散机制的财政支持依据及路径选择——以吉林、安徽、四川三省为例［J］．农业经济问题，34（10）：36－40，110－111．

30．侯玲玲，穆月英，曾玉珍．2010．农业保险补贴政策及其对农户购买保险影响的实证分析［J］．农业经济问题，31（4）：19－25．

31．黄英君．2009．我国农业保险发展的市场运行机制研究［J］．保险研究，（11）：44－51．

32．黄英君．2009．中国农业保险发展机制研究：经验借鉴与框架设计［M］．北京：中国金融出版社．

33．黄英君．2011．机制设计与发展创新：破解中国农业保险困局［M］．北京：商务印书馆．

34．黄英君．2011．影响中国农业保险发展效应的实证分析［J］．华南农业大学学报（社会科学版），10（3）：31－38．

35．黄颖．2015．基于AHP－DEA两步法的我国农业保险财政补贴效率评价［J］．上海金融，（7）：35－38．

36．李静，孟令杰．2006．中国农业生产率的变动与分解分析：1978—2004年——基于非参数的HMB生产率指数的实证研究［J］．数量经济技术经济研究，（5）：11－19．

37．李琴英．2007．我国农业保险及其风险分散机制研究——基于风险管理的角度［J］．经济与管理研究，（7）：48－52．

38．李新光．2016．中国农业保险经营模式研究［D］．长春：吉林大学．

39. 梁平，梁彭勇，董宇翔.2008.我国农业保险对农民收入影响的经验研究 [J].管理现代化，(1)：46-48.

40. 刘蔚，孙蓉.2016.农险财政补贴影响农户行为及种植结构的传导机制——基于保费补贴前后全国面板数据比较分析 [J].保险研究，(7)：11-24.

41. 龙文军.2004.谁来拯救农业保险：农业保险行为主体互动研究 [M].北京：中国农业出版社.

42. 吕春生，王道龙，王秀芬.2009.国外农业保险发展及对我国的启示 [J].农业经济问题，(2)：99-102.

43. 罗向明，张伟，丁继锋.2011.地区补贴差异、农民决策分化与农业保险福利再分配 [J].保险研究，(5)：11-17.

44. 马述忠，刘梦恒.2016.农业保险促进农业生产率了吗？——基于中国省际面板数据的实证检验 [J].浙江大学学报（人文社会科学版），(6)：131-144.

45. 聂荣，闫宇光，王新兰.2013.政策性农业保险福利绩效研究——基于辽宁省微观数据的证据 [J].农业技术经济，(4)：69-76.

46. 宁满秀，苗齐，邢鹂，钟甫宁.2006.农户对农业保险支付意愿的实证分析——以新疆玛纳斯河流域为例 [J].中国农村经济，(6)：43-51.

47. 宁满秀，邢郦，钟甫宁.2005.影响农户购买农业保险决策因素的实证分析——以新疆玛纳斯河流域为例 [J].农业经济问题，(6)：38-44，79.

48. 宁满秀.2006.农业保险与农户生产行为关系研究 [D].南京：南京农业大学.

49. 阮贵林，孟卫东.2016.农业保险、农业贷款与农户人均纯收入——基于中国省际面板数据的实证分析 [J].当代经济科学，38 (5)：69-76，98，126.

50. 施红.2008.财政补贴对我国农户农业保险参保决策影响的实证研究——以浙江省为例 [J].技术经济，(9)：88-93.

51. 史常亮，栾江，朱俊峰，陈一鸣.2017. 土地流转对农户收入增长及收入差距的影响——基于 8 省农户调查数据的实证分析 [J]. 经济评论，(5)：152 - 166.

52. 宋丽智，韩晓生，王研.2016. 我国农业保险发展影响因素研究——基于地区面板数据的实证分析 [J]. 宏观经济研究，(11)：122 - 130.

53. 苏占伟.2015. 政策性农业保险制度运行中的问题及优化对策——以河南省为例 [J]. 保险研究，(4)：86 - 92.

54. 孙立明.2003. 农业保险的发展实践与理论反思——世界经验的比较与启示 [J]. 经济科学，(4)：51 - 62.

55. 孙香玉，钟甫宁.2008. 对农业保险补贴的福利经济学分析 [J]. 农业经济问题，(2)：4 - 11，110.

56. 孙香玉，钟甫宁.2009. 福利损失、收入分配与强制保险——不同农业保险参与方式的实证研究 [J]. 管理世界，(5)：80 - 88.

57. 庹国柱，李军.2003. 我国农业保险试验的成就、矛盾及出路 [J]. 金融研究，(9)：88 - 98.

58. 庹国柱，王国军.2015. 农业保险：改革推进与前景展望 [J]. 中国保险，(1)：24 - 30

59. 庹国柱，朱俊生.2007. 关于农业保险立法几个重要问题的探讨 [J]. 中国农村经济，(2)：55 - 63.

60. 庹国柱，朱俊生.2010. 农业保险巨灾风险分散制度的比较与选择 [J]. 保险研究，(9)：47 - 53.

61. 庹国柱，朱俊生.2014. 完善我国农业保险制度需要解决的几个重要问题 [J]. 保险研究，(2)：44 - 53.

62. 庹国柱等.2012. 中国农业保险发展报告（2012）[M]. 北京：中国农业出版社.

63. 王红珠.2010. 论我国农业保险巨灾风险分散机制的建立 [J]. 江西财经大学学报，(2)：43 - 47.

64. 王克，何小伟，肖宇谷，张峭.2018. 农业保险保障水平的影响因

素及提升策略 [J]. 中国农村经济, (7): 34 - 45.

65. 王克. 2014. 中国农作物保险效果评估及相关政策改善研究 [D]. 北京: 中国农业科学院.

66. 王敏俊. 2007. 我国农业保险的政策性分析与路径选择: 一个新构想 [J]. 农业经济问题, (7): 64 - 68, 111.

67. 王韧, 莫廷程. 2016. 基于三阶段 DEA 模型的农业险补贴政策效率研究 [J]. 农村经济, (11): 61 - 65.

68. 王向楠. 2011. 农业贷款、农业保险对农业产出的影响——来自 2004 ~ 2009 年中国地级单位的证据 [J]. 中国农村经济, (10): 44 - 51.

69. 王新军, 朱水连. 2008. 对政策性农业保险行为主体分析与政府作用研究 [J]. 保险研究, (12): 47 - 51.

70. 吴东立, 谢凤杰. 2018. 改革开放 40 年我国农业保险制度的演进轨迹及前路展望 [J]. 农业经济问题, (10): 24 - 32.

71. 西爱琴, 邹宗森, 朱广印. 2015. 农业保险对农户生产决策的影响: 一个文献综述 [J]. 华中农业大学学报 (社会科学版), (5): 66 - 71.

72. 项俊波等. 2015. 中国农业保险发展报告 (2015) [M]. 天津: 南开大学出版社.

73. 徐斌, 孙蓉. 2016. 粮食安全背景下农业保险对农户生产行为的影响效应——基于粮食主产区微观数据的实证研究 [J]. 财经科学, (6): 97 - 111.

74. 徐黎明. 2016. 中国农业保险的政府行为、利益博弈及制度创新研究 [D]. 武汉: 华中师范大学.

75. 杨雪美, 冯文丽, 高峰, 薄悦. 2013. 农户的风险意识、保险认知与政策性农业保险——基于河北试点的实证分析 [J]. 农村经济, (9): 70 - 74.

76. 杨雪美, 冯文丽, 刘亚姝. 2011. 我国农业保险信息不对称问题研究 [J]. 技术经济与管理研究, (4): 111 - 114.

77. 叶明华. 2012. 政策性农业保险的国际借鉴: 制度演进与操作范式

[J]. 改革, (3): 103-110.

78. 于洋, 王尔大. 2009. 政策性补贴对中国农业保险市场影响的协整分析 [J]. 中国农村经济, (3): 20-27, 37.

79. 虞锡君. 2005. 农业保险与农业产业化互动机制探析 [J]. 农业经济问题, (8): 54-56, 80.

80. 张驰, 张崇尚, 仇焕广, 吕开宇. 2017. 农业保险参保行为对农户投入的影响——以有机肥投入为例 [J]. 农业技术经济, (6): 79-87.

81. 张俊富. 2019. 模型在微观实证研究中的作用——以城市和区域经济学为例 [J]. 经济资料译丛, (1): 4-26.

82. 张跃华, 顾海英, 史清华. 2005. 农业保险需求不足效用层面的一个解释及实证研究 [J]. 数量经济技术经济研究, (4): 83-92.

83. 张跃华, 史清华, 顾海英. 2006. 农业保险对农民、国家的福利影响及实证研究——来自上海农业保险的证据 [J]. 制度经济学研究, (2): 1-23.

84. 张跃华, 史清华, 顾海英. 2007. 农业保险需求问题的一个理论研究及实证分析 [J]. 数量经济技术经济研究, (4): 65-75, 102.

85. 张跃华, 庹国柱, 符厚胜. 2016. 市场失灵、政府干预与政策性农业保险理论——分歧与讨论 [J]. 保险研究, (7): 3-10.

86. 张哲晰, 穆月英, 侯玲玲. 2018. 参加农业保险能优化要素配置吗?——农户投保行为内生化的生产效应分析 [J]. 中国农村经济, (10): 53-70.

87. 赵立娟. 2015. 农业保险发展对农业生产效率影响的动态研究——基于 DEA 和协整分析的实证检验 [J]. 湖北农业科学, 54 (21): 5476-5480.

88. 郑新业, 王晗, 赵益卓. 2011. "省直管县" 能促进经济增长吗?——双重差分方法 [J]. 管理世界, (8): 34-44.

89. 周建波, 刘源. 2010. 农业保险市场中政府责任定位的经济学分析 [J]. 农业经济问题, 31 (12): 65-70.

90. 周稳海, 赵桂玲, 尹成远. 2015. 农业保险对农业生产影响效应的实证研究——基于河北省面板数据和动态差分 GMM 模型［J］. 保险研究，(5)：60 -68.

91. 周县华. 2010. 民以食为天：关于农业保险研究的一个文献综述［J］. 保险研究，(5)：119 -127.

92. 祝仲坤，陶建平. 2015. 农业保险对农户收入的影响机理及经验研究［J］. 农村经济，(2)：67 -71.

93. 宗国富，周文杰. 2014. 农业保险对农户生产行为影响研究［J］. 保险研究，(4)：23 -30.

94. Alston L J. 1996. Empirical work in institutional economics［J］. Empirical Ctudies in Institutional Change，(2)：25 -30.

95. Arrow K J. 1971. Insurance, risk and resource allocation［J］. Essays in the Theory of Risk-bearing，(3)：134 -143.

96. Ashan S M, Ali A A G, Kurian N J. 1982. Towards a theory of agricultural crop insurance［J］. American Journal of Agricultural Economics, 64 (3)：520 -529.

97. Babcock B A, Hennessy D A. 1996. Input demand under yield and revenue insurance［J］. American Journal of Agricultural Economics, 78 (2)：416 -427.

98. Ballivian M A, Sickles R C. 1994. Product diversification and attitudes toward risk in agricultural production［J］. Journal of Productivity Analysis, 5 (3)：271 -286.

99. Barry P J, Collins K J, Glauber J W. 2002. Crop insurance, disaster assistance, and the role of the federal government in providing catastrophic risk protection［J］. Agricultural Finance Review, 62 (2)：81 -101.

100. Cariappa A G, Lokesh G B, Joshi A T, et al. 2019. Why Do Farmers Opt for Crop Insurance? A Discriminant Analysis［J］. Indian Journal of Economics and Development, 15 (4)：525 -532.

101. Chambers R G, Quiggin J. 2002. Optimal producer behavior in the

presence of area-yield crop insurance [J]. American Journal of Agricultural Economics, 84 (2): 320 –334.

102. Coble K H, Barnett B J. 2013. Why do we subsidize crop insurance? [J] American Journal of Agricultural Economics 95 (2): 498 –504.

103. Connor L, Katchova A L. 2020. Crop Insurance Participation Rates and Asymmetric Effects on US Corn and Soybean Yield Risk [J]. Journal of Agricultural and Resource Economics, 45 (1): 1 –19.

104. Cornaggia J. 2013. Does risk management matter? Evidence from the US agricultural industry [J]. Journal of Financial Economics, 109 (2): 419 –440.

105. Eeckhoudt L, Meyer J, Ormiston M. 1997. The interaction between the demands for insurance and insurable assets [J]. Journal of Risk and Uncertainty, 14 (1): 25 –39.

106. Gardner B L, Kramer R A. 1986. Experience with crop insurance programs in the United States [J]. Journal of Risk and Uncertainty, (3): 19 –56.

107. GianCarlo, Moschini, Hennessy, David A. 2001. Uncertainty, Risk Aversion, and Risk Management for Agricultural Producers [J]. Staff General Research Papers Archive, 1 (1): 88 –153.

108. GinÉ X, Townsend R, Vickery J. 2008. Patterns of rainfall insurance participation in rural India [J]. World Bank Economic Review, 22 (3): 539 –566.

109. Glauber J W, Collins K J, Barry P J. 2002. Crop insurance, disaster assistance, and the role of the federal government in providing catastrophic risk protection [J]. Agricultural Finance Review, 62 (2): 81 –101.

110. Goodwin B K, Mahul O. 2004. Risk modeling concepts relating to the design and rating of agricultural insurance contracts [D]. Policy Research Working Paper Series.

111. Goodwin B K, Smith V H. 2013. What harm is done by subsidizing crop insurance? [J]. American Journal of Agricultural Economics, 95 (2):

489 – 497.

112. Goodwin B K, Vandeveer M L, Deal J L. 2004. An empirical analysis of acreage effects of participation in the federal crop insurance program [J]. American Journal of Agricultural Economics, 86 (4): 1058 – 1077.

113. Goodwin B K. 2001. Problems with Market Insurance in Agriculture [J]. American Journal of Agricultural Economics, 83 (3): 643 – 649.

114. Goodwin S B K. 1996. Crop Insurance, Moral Hazard, and Agricultural Chemical Use [J]. American Journal of Agricultural Economics, 78 (2): 428 – 438.

115. Haji J. 2007. Production efficiency of smallholders' vegetable-dominated mixed farming system in eastern Ethiopia: A non-parametric approach [J]. Journal of African Economies, 16 (1): 1 – 27.

116. Hart C E. 2000. Counter-Cyclical Agricultural Program Payments: Is It Time to Look at Revenue? [M]. Center for Agricultural & Rural Development Publications.

117. Heckman J J. 1979. Sample selection bias as a specification error [J]. Econometrica, 47 (1): 153 – 162.

118. Hennessy D A. 1998. The production effects of agricultural income support policies under uncertainty [J]. American Journal of Agricultural Economics, 80 (1): 46 – 57.

119. Horowitz J K, Lichtenberg E. 1993. Insurance, Moral Hazard, and Chemical Use in Agriculture [J]. American Journal of Agricultural Economics, 75 (4): 926.

120. Jinkins J E. 1994. Related and unrelated diversification on mid-western farms [J]. Agricultural Income & Finance, 53: 16 – 20.

121. Katchova A L. 2005. The farm diversification discount [J]. American Journal of Agricultural Economics, 87 (4): 984 – 994.

122. Kemény G, Varga T, Fogarasi J, et al. 2012. The development of

Hungarian agricultural insurance system [J]. Problems of World Agriculture, 19 (3): 638.

123. Lafrance J T. 2001. The Environmental Impacts of Subsidized Crop Insurance [D]. Cudare Working Paper.

124. Leathers H D, Quiggin J C. 1991. Interactions between agricultural and resource policy: the importance of attitudes toward risk [J]. American Journal of Agricultural Economics, 73 (3): 757 – 764.

125. Lichtenberg E, Zimmerman R. 1999. Information and farmers' attitudes about pesticides, water quality, and related environmental effects [J]. Agriculture, Ecosystems & Environment, 73 (3): 227 – 236.

126. Luce R D, Raiffa H. 1989. Games and decisions: Introduction and critical survey [M]. Courier Corporation, New York.

127. MacGregor S. 1999. Welfare, neo-liberalism and new paternalism: Three ways for social policy in late capitalist societies [J]. Capital & Class, 23 (1): 91 – 118.

128. Mahul O, Stutley C J. 2010. Government Support to Agricultural Insurance: Challenges and Options for Developing Countries [J]. World Bank Publications, 1 – 219 (219).

129. Makki S S, Somwaru A. 2001. Evidence of adverse selection in crop insurance markets [J]. Journal of Risk & Insurance, 68 (4): 685 – 708.

130. Mishra A, El-Osta H. 2002. Risk management through enterprise diversification: A farm-level analysis [C]. AAEA annual meeting, Long Beach.

131. Mosley P, Holzmann R, Jorgensen S. 2001. Social protection as social risk management: conceptual underpinnings for the social protection sector strategy paper [J]. Journal of International Development, 11: 1005 – 1027.

132. OECD. 2011. Risk management strategies and policies at the farm level [J]. Managing Risk in Agriculture, (9): 71 – 93.

133. O'Donoghue E J, Roberts M J, Key N. 2009. Did the federal crop in-

surance reform act alter farm enterprise diversification? [J]. Journal of Agricultural Economics, 60 (1): 80 – 104.

134. Počuča M, Petrović Z, Mrkšić D. 2013. Insurance in agriculture [J]. Economics of Agriculture, 60 (48): 657.

135. Pope R D, Prescott R. 1980. Diversification in relation to farm size and other socioeconomic characteristics [J]. American Journal of Agricultural Economics, 62 (3): 554 – 559.

136. Quiggin J C, Karagiannis G, Stanton J. 1993. Crop insurance and crop production: an empirical study of moral hazard and adverse selection [J]. Australian Journal of Agricultural and Resource Economics, 37 (2): 95 – 113.

137. Quiggin J. 1992. Some observations on insurance, bankruptcy and input demand [J]. Journal of Economic Behavior & Organization, 18 (1): 101 – 110.

138. Ray P K. 1981. Agricultural Insurance: Theory and Practice and Application to Developing Countries [M]. Oxford: Pergamon Press.

139. Rosenbaum P R, Rubin D B. 1983. The central role of the propoensity score in observational studies for causal effects [J]. Biometrika, 70 (1): 41 – 55.

140. Rosenzweig M L, Abramsky Z. 1993. How are diversity and productivity related? [J]. Journal of Environmental Sciences, 52 – 65.

141. Rothschild M, Stiglitz JE. 1978. Increasing risk: I. A definition [M]//Uncertainty in Economics. Academic Press: 99 – 121.

142. Singh B K, Chakraborty D, Kalra N, et al. 2019. A tool for climate smart crop insurance: Combining farmers' pictures with dynamic crop modelling for accurate yield estimation prior to harvest [M]. Intl Food Policy Res Inst.

143. Smith V H, Glauber J W. 2012. Agricultural Insurance in Developed Countries: Where Have We Been and Where Are We Going? [J]. Applied Economic Perspectives and Policy, 34 (3): 363 – 390.

144. Smith V H, Goodwin B K. 1996. Crop Insurance, Moral Hazard, and Agricultural Chemical Use [J]. American Journal of Agricultural Economics, 78 (2): 428 – 438.

145. Stigler G J. 1961. The economics of information [J]. Journal of political economy, 69 (3): 213 – 225.

146. Suchato P, Mieno T, Schoengold K, et al. 2019. The Potential for Moral Hazard Behavior in Irrigation Decisions under Crop Insurance [D]. University of Nebraska-Lincoln.

147. Torkamani J. 1998. Determination of Measuring Risk-averse, Technical Efficiency, Factors Influencing on It [J]. Journal of Agricultural Economics and Development, (24): 49 – 68.

148. Walters C G, Shumway C R, Chouinard H H, et al. 2012. Crop insurance, land allocation, and the environment [J]. Journal of Agricultural and Resource Economics, 37 (2): 301 – 320.

149. Weber J G, Key N, O'Donoghue E J. 2015. Does Federal Crop Insurance Encourage Farm Specialization and Fertilizer and Chemical Use? [J]. AAEA and WAEA Annual Meetings: 26 – 28.

150. Wright B D, Hewitt J A. 1994. All-risk crop insurance: lessons from theory and experience [M]//Economics of Agricultural Crop Insurance: Theory and Evidence, Springer Science & Business Media: 73 – 112.

151. Wu J J. 1999. Crop insurance, acreage decisions, and nonpoint-source pollution [J]. American Journal of Agricultural Economics, 81 (2): 305 – 320.

152. Wu S, Goodwin B K, Coble K. 2020. Moral hazard and subsidized crop insurance [J]. Agricultural Economics, 51 (1): 131 – 142.

153. XU, Jing-feng, LIAO, et al. 2014. Crop Insurance, Premium Subsidy and Agricultural Output [J]. 农业科学学报 (英文版) (11): 2537 – 2545.

154. Ye T, Hu W, Barnett B J, et al. 2020. Area Yield Index Insurance

or Farm Yield Crop Insurance? Chinese Perspectives on Farmers' Welfare and Government Subsidy Effectiveness [J]. Journal of Agricultural Economics, 71 (1): 144 – 164.

155. Young C E, Vandeveer M L, Schnepf R D. 2001. Production and price impacts of US crop insurance programs [J]. American Journal of Agricultural Economics, 83 (5): 1196 – 1203.

156. Yu J, Smith A, Sumner D A. 2018. Effects of crop insurance premium subsidies on crop acreage [J]. American Journal of Agricultural Economics, 100 (1): 91 – 114.